학령기 아동을 위한

읽기유창성 및 읽기이해 프로그램 _ 4권

IV 수준

김애화 · 김의정 공저

학지사

머리말

읽기는 모든 교과 학습을 위한 도구적인 역할을 하므로 교과 학습이 시작되는 초등학교부터 학습자는 적절한 읽기 능력을 갖추고 있어야 한다. 이러한 읽기 능력을 갖추기 위해서는 단어를 정확하게 읽을 수 있는 기초적인 능력뿐만 아니라 글을 유창하게 읽고, 읽은 글의 내용을 잘 이해하는 것이 필요하다. 특히 초등학교에서 읽기의 어려움을 보이는 경우, 이를 그대로 두면 성인이 되어서도 읽기 문제가 지속해서 나타날 수 있으므로 초등학교부터 집중적인 읽기 지도를 하는 것이 바람직하다.

이에 초등학교 학생의 읽기유창성 및 읽기이해 능력을 향상시키기 위한 프로그램을 개발하였다. 이 프로그램의 특징은 다음과 같다. 첫째, 각 학년에 적합하도록 지문을 활용하여 프로그램을 구성하였다. 둘째, 읽기유창성 및 읽기이해 능력을 향상시키는 데 효과성이 입증된 다양한 연구기반 교수법을 적용하여 프로그램을 구성하였다. 셋째, 읽기유창성 교수와 읽기이해 교수를 연계하여 지도할 수 있도록 프로그램을 구성하였다. 넷째, 사전평가-지도-사후평가를 통해 학습자의 읽기유창성 및 읽기이해 향상도를 점검할 수 있도록 구성하였다.

따라서 이 프로그램은 학교 내 기초학력 부진 학생 지도 및 방과 후 수업이나 학습종합클리닉센터, 개별센터 등 다양한 장면에서 읽기유창성 및 읽기이해 능력 향상이 요구되는 초등학교 학생을 지도하는 데 활용될 수 있다. 또한 읽기에 어려움을 겪는 학생, 느린 학습자, 다문화 가정 학생 등의 경우에는 초등학생뿐 아니라 중등 이상의 학생 지도 시에도 이 프로그램을 사용할 수 있을 것이다. 이 외에도 필요에 따라 가정에서 자녀의 읽기유창성 및 읽기이해 지도를 위해 활용될 수 있다. '학령기 아동을 위한 읽기유창성 및 읽기이해 프로그램'이 다양한 학습자의 읽기 능력을 향상시킬 수 있는 자료로 활용되기를 기대한다.

이 프로그램이 개발되기까지 여러 사람의 도움이 있었다. 우선, 프로그램 개발 과정에서 도움을 준 김지은 선생님, 박민정 선생님, 박선희 선생님, 정경아 선생님, 정현승 선생님에게 감사의 마음을 전한다. 또한 출판 과정에서 도움을 준 학지사 김진환 사장님과 박나리 선생님에게 감사를 드린다.

- 이 책은 단어, 문장, 글 수준에서의 읽기유창성 및 읽기이해를 향상시키는 것을 목표로 개발되었다.
- 이 책의 구성은 1) I 수준 읽기유창성 및 읽기이해 프로그램, 2) II 수준 읽기유창성 및 읽기이해 프로그램, 3) III 수준 읽기유창성 및 읽기이해 프로그램, 4) IV 수준 읽기유창성 및 읽기이해 프로그램, 5) V 수준 읽기유창성 및 읽기이해 프로그램, 6) VI 수준 읽기유창성 및 읽기이해 프로그램으로 구성되어 있다. 각 수준별 6회기, 총 36회기로 구성되어 있다.

  - I 수준 읽기유창성 및 읽기이해 프로그램은 초등학교 1학년 수준의 읽기 지문을 활용한 프로그램이다. 따라서 일반학생의 경우 1학년에게 적용 가능하며, 읽기에 어려움을 겪는 학생의 경우에는 1학년 이상의 학생에게도 적용 가능하다.
  - II 수준 읽기유창성 및 읽기이해 프로그램은 초등학교 2학년 수준의 읽기 지문을 활용한 프로그램이다. 따라서 일반학생의 경우 2학년에게 적용 가능하며, 읽기에 어려움을 겪는 학생의 경우에는 2학년 이상의 학생에게도 적용 가능하다.
  - III 수준 읽기유창성 및 읽기이해 프로그램은 초등학교 3학년 수준의 읽기 지문을 활용한 프로그램이다. 따라서 일반학생의 경우 3학년에게 적용 가능하며, 읽기에 어려움을 겪는 학생의 경우에는 3학년 이상의 학생에게도 적용 가능하다.
  - IV 수준 읽기유창성 및 읽기이해 프로그램은 초등학교 4학년 수준의 읽기 지문을 활용한 프로그램이다. 따라서 일반학생의 경우 4학년에게 적용 가능하며, 읽기에 어려움을 겪는 학생의 경우에는 4학년 이상의 학생에게도 적용 가능하다.
  - V 수준 읽기유창성 및 읽기이해 프로그램은 초등학교 5학년 수준의 읽기 지문을 활용한 프로그램이다. 따라서 일반학생의 경우 5학년에게 적용 가능하며, 읽기에 어려움을 겪는 학생의 경우에는 5학년 이상의 학생에게도 적용 가능하다.

- VI 수준 읽기유창성 및 읽기이해 프로그램은 초등학교 6학년 수준의 읽기 지문을 활용한 프로그램이다. 따라서 일반학생의 경우 6학년에게 적용 가능하며, 읽기에 어려움을 겪는 학생의 경우에는 중학교 학생에게도 적용 가능하다.

각 회기는 1) 사전평가, 2) 지도, 3) 사후평가로 구성되어 있다.

다음은 수업 전에 교수자가 알아야 하는 사항을 제시하였다. 교수자는 각 회기에서 다뤄지는 중요한 내용이나 전략에 대한 이론적인 근거를 알게 됨으로써 효과적인 수업을 진행할 수 있을 것이다.

읽기유창성이란

읽기유창성은 글을 빠르고 정확하게, 적절한 표현력을 가지고 읽는 능력을 의미한다.

읽기유창성은 왜 중요한가

읽기유창성은 글을 읽고 이해하는 능력과 높은 관련성을 지니기 때문이다.

읽기유창성을 향상시킬 수 있는 방법에는 어떤 것들이 있는가

- 학생에게 동일한 글을 최소 세 번 소리 내어 반복하여 읽도록 한다.
- 소리 내어 반복 읽기를 실시할 때, 먼저 글을 유창하게 읽는 사람(교수자나 또래)이 유창하게 글을 읽는 것을 시범 보인 다음, 학생에게 같은 글을 소리 내어 읽도록 한다.
- 학생이 글을 읽을 때 오류를 보이면 오류를 교정한다.

끊어서 반복 읽기란

1) '끊어서 반복 읽기'는 '끊어 읽기'와 '소리 내어 반복 읽기'를 결합한 교수이다.
2) 끊어 읽기: 글을 구성하는 문장들을 의미가 통하는 구나 절 단위로 끊어서 제시한다.
3) 반복 읽기: 의미가 통하는 구나 절 단위로 끊어서 제시한 지문을 소리 내어 반복적으로 읽는다. 이때, 교수자가 유창하게 글을 읽는 것을 시범 보인 후, 학생들이 세 번 이상 소리 내어 반복적으로 읽도록 하는 것이 좋다.

끊기의 기준은

- 이 프로그램에서 제시한 끊어 읽기 단위의 가장 중요한 기준은 글을 이해하는 데 도움이 되는 의미 단위로 끊는 것이었다. 기본적으로 주부와 술부를 구분하되, 겹문장의 경우에는 문장의 구조를 이해하는 데 도움이 되도록 끊음으로써 글 이해에 도움이 되도록 하였다.
- 이 프로그램에서 제시한 끊어 읽기 단위는 학생에게 도움이 되도록 제시한 하나의 예일 뿐이며, 이것이 문법적으로 정확한 단위 기준을 의미하는 것은 아니다. 또한 학생의 수준에 따라 교사는 이 프로그램에 제시한 의미 단위보다 더 많은 혹은 더 적은 어절이 포함되도록 끊을 수 있다.

이 책의 읽기유창성 프로그램은

1) 활동 1: 단어 반복 읽기

읽기 지문에서 핵심 단어이거나 어려운 단어를 선정하여, 학생이 빠르고 정확하게 단어를 읽을 수 있도록 반복 연습을 한다.

2) 활동 2: 어휘 뜻 파악하기

읽기 지문에서 핵심 단어이거나 어려운 단어를 선정하여, 학생이 단어의 뜻을 질적으로 깊이 있게 이해할 수 있도록 다양한 전략 활동을 한다.

3) 활동 3: 어구/절 반복 읽기

읽기 지문에서 어렵거나 자주 접하게 되는 어구/절을 선정하여, 학생이 빠르고 정확하게 단어를 읽을 수 있도록 반복 연습을 한다.

4) 활동 4: 글 반복 읽기

전체 읽기 지문의 단어를 학생이 빠르고 정확하게 읽을 수 있도록 세 번 이상 반복 연습을 한다.

읽기유창성 평가는 어떻게 실시하는가

1) 읽기유창성 점수는 학생이 1분 동안 올바르게 읽은 어절 수로 산출한다. 즉, '학생이 1분 동안 읽은 총 어절 수'에서 '틀리게 읽은 어절 수'를 빼서 산출한다.

읽기유창성 점수 = 1분 동안 읽은 총 어절 수 − 틀리게 읽은 어절 수

2) 평가 시 다음 사항을 유의한다.

- 학생이 글의 첫 글자를 읽음과 동시에 타이머를 누른다.
- 교사가 '시작'이라고 말한 후 3초 동안 글을 읽지 않으면, 두 번째 어절을 손으로 가리키며 '다음'이라고 빠르게 말하고, 못 읽은 어절은 오답 처리한다.

- 학생이 3초 동안 글을 읽지 않을 경우, 다음 어절을 손으로 가리키며 '다음'이라고 빠르게 말하고, 못 읽은 어절은 오답 처리한다.
- 학생이 3초 안에 스스로 교정하면 그 위에 SC(Self-Correct)라고 쓰고 정답으로 처리한다.
- 학생이 한 줄 전체를 건너뛰고 읽었을 경우에는 그 줄에 표시하고 검사를 그대로 진행시키되, 생략한 부분을 오답 처리한다(1분 동안 측정하는 검사이기 때문에 검사 중간에 빠트린 부분을 다시 읽도록 지시할 경우 시간이 소요되므로 학생을 방해하지 않고 그대로 검사를 진행시킨다).
- 학생이 틀리게 읽은 어절 위에 / 표시를 한다.
- 1분이 종료되면 학생이 읽은 마지막 어절에 ╝ 표시를 한다.

읽기이해란

읽기이해는 글의 내용을 자신의 선행 지식과 연결 지으면서 의미를 형성해 가는 과정이다. 성공적인 읽기이해를 위해서는 주요 내용을 중심으로 글의 의미를 파악할 뿐 아니라, 내용을 자신의 선행 지식과 연결 지어 글의 주제를 파악하는 것이 중요하다.

읽기이해는 왜 중요한가

읽기이해는 읽기 교수의 궁극적인 목표로, 읽기 교수의 핵심이다.

읽기이해를 향상시킬 수 있는 방법에는 어떤 것들이 있는가

- 이야기글을 이해하는 데 도움을 주는 대표적인 전략은 이야기 지도(story map)의 요소에 해당하는 내용을 파악하는 것이다.
- 이야기 지도의 요소에는 인물, 시간, 장소, 사건들, 끝이 포함되며, 이야기글에서 주요 내용을 간추리기 위해서는 이러한 이야기 지도의 요소에 해당하는 내용을 파악하면 도움이 된다.
- 이야기 지도의 요소별 내용을 정리할 때, 그래픽 조직자를 활용하면 도움이 된다.

이야기 지도의 요소

1) 인물(이야기에 등장하는 인물)
2) 시장(이야기가 일어나는 시간과 장소)
3) 사건들(인물에게 일어난 사건들)
4) 끝(이야기의 끝)

글의 주제

글의 주제는 글쓴이가 말하고자 하는 생각이나 의견을 의미하며, 이야기글에서 글의 주제를 파악하는 것은 중요하다.

이 책의 읽기이해 프로그램은

1) 활동 1: 이야기 지도 알기
이야기 지도의 목적과 이야기 지도의 요소를 파악하는 활동을 한다.

2) 활동 2: 이야기 지도 전략을 사용하여 글의 내용 파악하기
그래픽 조직자에서 제시된 순서에 따라, 이야기 지도의 요소별 내용을 파악하여 기록하는 활동을 한다.

3) 활동 3: 글의 주제 파악하기
글에 제시되어 있지 않은 '글의 주제'를 파악하기 위해 글의 내용을 바탕으로 '~를 해야 한다.' 또는 '~를 하지 말아야 한다.'의 문장을 완성하는 활동을 한다.

읽기이해 평가는 어떻게 실시하는가

1) 글을 읽은 후, 읽기이해 질문을 통해 글의 내용에 대한 이해 정도를 파악한다.

읽기이해 점수 = 맞은 문항의 개수

2) 평가 시 다음 사항을 유의한다.

- 전체 지문을 소리 내지 않고 눈으로 읽도록 한다.
- 〈3~7번까지〉 문항의 답에 학생이 한두 단어로 간단하게 답할 경우, "좀 더 자세히 말해 볼래요?" 또는 "좀 더 자세히 써 보세요."라고 반드시 추가 질문을 한다. 추가 질문을 하였는데도, 같은 답을 반복하거나 정답에 제시된 내용을 말하지 못하면 오답으로 간주한다.
- 7번 추론 문항의 경우에는 지문에 근거하여 답을 하였을 경우에는 정답으로 간주한다. 지문의 내용과 무관하게 학생 자신의 사전지식이나 경험에 근거하여 답할 경우, 오답으로 간주한다.
- 채점 시, 답안에 있는 내용을 그대로 말하지 않더라도 질문의 요지를 파악하고 답을 하였을 경우 정답으로 간주한다.

차례

◇ 머리말 ………… 3

◇ 책의 구성 및 활용 방법 ………… 4

◇ 알아 두기 ………… 6

IV 수준 읽기유창성 및 읽기이해 프로그램

1. 나라를 구한 스님 ………… 11
2. 늑대와 여우 ………… 33
3. 신기한 땅속 세상 이야기 ………… 55
4. 청개구리 점쟁이 ………… 77
5. 큰아들을 구한 천덕꾸러기 작은아들 ………… 99
6. 호랑이 인간 ……… 121

1. 나라를 구한 스님

학 ◇ 습 ◇ 목 ◇ 표

- 글을 읽을 때, 적당한 부분에서 글을 빠르고 정확하게 끊어 읽을 수 있다.
- 글을 읽고, 글의 중심내용과 글의 주제를 파악할 수 있다.

사 ◇ 전 ◇ 평 ◇ 가

지시문

앞에 있는 종이에 글이 있어요. 이제 선생님이 "시작"이라고 하면(학생용 평가지의 첫 어절을 손가락으로 가리킨 후, 계속 훑으면서) 처음부터 읽기 시작해서 "그만"이라고 할 때까지 최대한 정확하게, 그리고 최대한 빨리 읽으세요. 글을 읽다가 모르는 글자가 나오면 선생님이 어떻게 해야 할지 알려 줄게요. 최선을 다하세요. 질문 있어요? (질문이 있으면 질문에 대답한다.) 준비, 시작. (학생이 첫 어절을 말함과 동시에 타이머를 누르고 1분간 학생의 반응을 기록한 뒤 1분이 지나면 "그만"이라고 말한다.)

옛날에 우리나라와 이웃 나라가 사이가 좋지 않았습니다. 이웃 나라가 틈만 나면 쳐들어와서는 우리를 괴롭혔지요. 해마다 처녀 총각 오백 명씩 잡아가서 노예처럼 부렸답니다. 하지만 안타깝게도 우리나라는 힘없이 당하고만 있었지요. 그런데 드디어 금강산에서 조용히 도를 닦던 스님이 나섰습니다. 스님은 오랫동안 도를 닦아 도술을 부릴 줄 알았지요.

"더 이상 참을 수가 없으니 내가 사람들을 구하겠소."

스님은 혼자서 배를 타고 바다를 건너 이웃 나라로 갔습니다. 스님이 이웃 나라로 가서 배에서 내리려니까 화살을 쏘아 댔지요. 스님은 비 오듯 쏟아지는 화살을 손으로 모두 막아냈어요. 이 모습을 본 이웃 나라 사람들은 깜짝 놀랐지요.

이번에는 길바닥에다 불에 벌겋게 달군 쇠못을 거꾸로 꽂았어요. 하지만 스님은 아무렇지도 않게 맨발로 쇠못 위를 걸어갔지요. 그런데도 발에 피 한 방울 나기는커녕 흠집도 없었답니다.

"저 스님을 그냥 두었다가는 이 나라가 남아나질 않겠다."

이웃 나라 사람들은 벌벌 떨면서 스님을 죽이기로 했답니다.

그래서 스님을 모시는 척하면서 쇠로 만든 방에 가두었지요. 그러고는 아궁이에다 나무를 잔뜩 쌓아 놓고 마구 장작불을 땠습니다. 사흘 낮밤 동안 불을 때니 방이 시뻘겋게 달아올랐지요. 이웃 나라 사람들은 스님이 불에 타 죽었다고 생각했답니다. 나흘째 되는 날 이웃 나라 사람들이 방문을 열었지요. 그런데 스님이 죽지 않고 아랫목에서 책상다리를 하고 있었어요. 더군다나 스님의 온 몸에는 고드름이 주렁주렁 매달려 있었답니다.

"몸이 얼어 죽을 지경이니 어서 불을 더 때어라."

스님이 이렇게 말을 하니 지켜보던 사람들이 모두 놀라 자빠졌지요.

이웃 나라 사람들은 스님을 얼음집에 다시 가뒀습니다. 불에서도 얼어 죽겠다고 하니 진짜로 얼어 죽일 생각이었지요. 그러고는 밤새도록 찬물을 계속 끼얹으며 꽁꽁 얼기를 기다렸어요. 사흘 낮밤을 찬물을 끼얹고 얼음을 얼리고 하였지요. 사람들은 이번에는 정말로 스님이 얼어 죽었을 거라 생각했습니다. 그러고는 나흘째 되는 날 사람들이 다시 방문을 열었지요.

그랬더니 스님이 땀을 뻘뻘 흘리면서 부채질을 하고 있었어요. 얼음집 안에는 고드름이 열렸지만 스님은 겉옷을 벗고 있었답니다.

"야, 이놈들아, 이제는 날 데워 죽일 작정이냐!"

스님은 껄껄껄 웃으며 이웃 나라 병사들을 향해 소리쳤지요.

아무리 해도 스님을 죽일 수 없으니 이웃 나라는 항복을 했답니다. 그러고는 지금까지 잡아갔던 처녀 총각들을 모두 풀어 주었어요. 그 뒤로는 이웃 나라가 우리를 절대로 괴롭히지 않았답니다.

읽기유창성 점수: ____________

▶ 사전평가와 사후평가의 지문은 학지사 홈페이지(http://www.hakjisa.co.kr)에서 내려받을 수 있습니다.

1 단어를 빠르고 정확하게 읽기

다음 단어를 바르게 읽어 봅시다

노예	닦아
꽂았어요	흠집도
땠습니다	끼얹으며
항복을	쏟아지는
벌겋게	쇠못을
죽겠다고	

▶ 이 페이지의 내용은 복사하거나 학지사 홈페이지(http://www.hakjisa.co.kr)에서 내려받아 사용하세요!

다음 단어들을 빠르고 정확하게 읽어 봅시다

노예	닦아	꽂았어요	흠집도	땠습니다
끼얹으며	항복을	쏟아지는	벌겋게	쇠못을
죽겠다고	꽂았어요	노예	흠집도	끼얹으며
닦아	쏟아지는	쇠못을	벌겋게	죽겠다고
항복을	땠습니다	닦아	땠습니다	끼얹으며
쏟아지는	쇠못을	항복을	흠집도	죽겠다고
벌겋게	꽂았어요	노예	쇠못을	벌겋게
항복을	땠습니다	죽겠다고	꽂았어요	흠집도
쏟아지는	노예	끼얹으며	닦아	항복을
쇠못을	땠습니다	노예	꽂았어요	쏟아지는
흠집도	닦아	죽겠다고	끼얹으며	벌겋게

▶ 이 페이지의 내용은 복사하거나 학지사 홈페이지(http://www.hakjisa.co.kr)에서 내려받아 사용하세요!

2 어휘의 뜻 알아보기

다음 단어를 알아봅시다

예시문을 읽고, 내가 생각하는 단어의 뜻을 써 봅시다.

올바른 단어의 뜻을 써 봅시다.

정의

노예

비슷한 말

•

•

•

반대말

•

•

•

예시문 해마다 처녀 총각 오백 명씩 잡아가서 노예처럼 부렸답니다.

문장 만들기

비슷한 말을 넣어서 문장을 완성해 봅시다.

해마다 처녀 총각 오백 명씩 잡아가서 ________ 처럼 부렸답니다.

새로운 문장을 만들어 써 봅시다.

도전문제

노예를 해방시킨 링컨 대통령에 대해 어떻게 생각하나요?

예시문을 읽고, 내가 생각하는 단어의 뜻을 써 봅시다.

____

올바른 단어의 뜻을 써 봅시다.

____

정의

항복

예시문 아무리 해도 스님을 죽일 수 없으니 이웃 나라는 항복을 했답니다.

비슷한 말

- ______
- ______
- ______

반대말

- ______
- ______
- ______

문장 만들기

비슷한 말을 넣어서 문장을 완성해 봅시다.

아무리 해도 스님을 죽일 수 없으니 이웃 나라는 ______ 을 했답니다.

새로운 문장을 만들어 써 봅시다.

____

도전문제

언제 (어떤 상황에서) 항복을 하나요?

____

____

예시문을 읽고, 내가 생각하는 단어의 뜻을 써 봅시다.

______

올바른 단어의 뜻을 써 봅시다.

______

정의

지경

예시문 "몸이 얼어 죽을 지경이니 어서 불을 더 때어라."

비슷한 말

- ______
- ______
- ______

문장 만들기

비슷한 말을 넣어서 문장을 완성해 봅시다.

"몸이 얼어 죽을 ______이니 어서 불을 더 때어라."

새로운 문장을 만들어 써 봅시다.

______

도전문제

다음 중 '지경'을 올바르게 사용한 문장을 모두 고르세요.

1) 집 전체를 청소하느라 힘이 들어 쓰러질 지경이다.

2) 쓰레기 때문에 공원이 엉망이 될 지경이다.

3) 하고 싶은 일을 모두 이루어서 행복한 지경이다.

예시문을 읽고, 내가 생각하는 단어의 뜻을 써 봅시다.

____

올바른 단어의 뜻을 써 봅시다.

____

정의

닦다

예시문 그런데 드디어 금강산에서 조용히 도를 닦던 스님이 나섰습니다.

비슷한 말

- ______________
- ______________
- ______________

문장 만들기

비슷한 말을 넣어서 문장을 완성해 봅시다.

그런데 드디어 금강산에서 조용히 도를 ______________ 스님이 나섰습니다.

새로운 문장을 만들어 써 봅시다.

____

도전문제

다음 보기의 밑줄 친 단어와 같은 뜻으로 쓰인 단어를 찾으세요.

보기

스님은 금강산에서 조용히 도를 닦았다.

1) 언니는 유리창을 닦았다.
2) 친구는 손수건으로 땀을 닦았다.
3) 그는 열심히 학업을 닦았다.
4) 나는 손을 깨끗이 닦았다.

다음 단어를 읽어 봅시다. 서로 뜻이 반대인 말끼리 연결해 봅시다.

노예 •	• 주인
항복 •	• 저항

다음 단어를 읽어 봅시다. 서로 뜻이 비슷한 말끼리 연결해 봅시다.

흠집 •	• 지경
정도 •	• 상처

3 어구를 빠르고 정확하게 읽기

다음 어구를 바르게 읽어 봅시다

사이가 좋지 않았습니다	틈만 나면
도술을 부릴 줄 알았지요	비 오듯 쏟아지는 화살을
불에 벌겋게 달군 쇠못을	아무렇지도 않게
피 한 방울 나기는커녕	스님을 모시는 척하면서
나무를 잔뜩 쌓아 놓고	얼어 죽을 지경이니
불에서도 얼어 죽겠다고 하니	날 데워 죽일 작정이냐

▶ 이 페이지의 내용은 복사하거나 학지사 홈페이지(http://www.hakjisa.co.kr)에서 내려받아 사용하세요!

다음 어구/절들을 빠르고 정확하게 읽어 봅시다

사이가 좋지 않았습니다	도술을 부릴 줄 알았지요	비 오듯 쏟아지는 화살을
불에 벌겋게 달군	아무렇지도 않게	피 한 방울 나기는커녕
스님을 모시는 척하면서	나무를 잔뜩 쌓아 놓고	얼어 죽을 지경이니
불에서도 얼어 죽겠다고 하니	날 데워 죽일 작정이냐	사이가 좋지 않았습니다
도술을 부릴 줄 알았지요	비 오듯 쏟아지는 화살을	불에 벌겋게 달군
아무렇지도 않게	피 한 방울 나기는커녕	스님을 모시는 척하면서
나무를 잔뜩 쌓아 놓고	얼어 죽을 지경이니	불에서도 얼어 죽겠다고 하니
날 데워 죽일 작정이냐	사이가 좋지 않았습니다	도술을 부릴 줄 알았지요
비 오듯 쏟아지는 화살을	불에 벌겋게 달군	아무렇지도 않게
피 한 방울 나기는커녕	스님을 모시는 척하면서	나무를 잔뜩 쌓아 놓고
얼어 죽을 지경이니	불에서도 얼어 죽겠다고 하니	날 데워 죽일 작정이냐
사이가 좋지 않았습니다	도술을 부릴 줄 알았지요	비 오듯 쏟아지는 화살을
불에 벌겋게 달군	아무렇지도 않게	피 한 방울 나기는커녕
스님을 모시는 척하면서	나무를 잔뜩 쌓아 놓고	얼어 죽을 지경이니
불에서도 얼어 죽겠다고 하니	날 데워 죽일 작정이냐	사이가 좋지 않았습니다
도술을 부릴 줄 알았지요	비 오듯 쏟아지는 화살을	불에 벌겋게 달군
아무렇지도 않게	피 한 방울 나기는커녕	스님을 모시는 척하면서
나무를 잔뜩 쌓아 놓고	얼어 죽을 지경이니	불에서도 얼어 죽겠다고 하니
날 데워 죽일 작정이냐	사이가 좋지 않았습니다	도술을 부릴 줄 알았지요

▶ 이 페이지의 내용은 복사하거나 학지사 홈페이지(http://www.hakjisa.co.kr)에서 내려받아 사용하세요!

4 글을 빠르고 정확하게 읽기

다음 글을 / 표시된 곳에서 끊어 읽어 봅시다. 읽을 때 빠르고 정확하게 읽도록 합시다

옛날에 / 우리나라와 이웃 나라가 / 사이가 좋지 않았습니다. / 이웃 나라가 / 틈만 나면 / 쳐들어와서는 / 우리를 괴롭혔지요. / 해마다 / 처녀 총각 오백 명씩 잡아가서 / 노예처럼 부렸답니다. / 하지만 안타깝게도 / 우리나라는 / 힘없이 당하고만 있었지요. / 그런데 드디어 / 금강산에서 / 조용히 도를 닦던 스님이 / 나섰습니다. / 스님은 / 오랫동안 / 도를 닦아 / 도술을 부릴 줄 알았지요. /

"더 이상 참을 수가 없으니 / 내가 / 사람들을 구하겠소." /

스님은 / 혼자서 / 배를 타고 바다를 건너 / 이웃 나라로 갔습니다. / 스님이 / 이웃 나라로 가서 / 배에서 내리려니까 / 화살을 쏘아 댔지요. / 스님은 / 비 오듯 쏟아지는 화살을 / 손으로 모두 막아냈어요. / 이 모습을 본 이웃 나라 사람들은 / 깜짝 놀랐지요. /

이번에는 / 길바닥에다 / 불에 벌겋게 달군 쇠못을 / 거꾸로 꽂았어요. / 하지만 스님은 / 아무렇지도 않게 / 맨발로 / 쇠못 위를 걸어갔지요. / 그런데도 발에 / 피 한 방울 나기는커녕 / 흠집도 없었답니다. /

"저 스님을 그냥 두었다가는 / 이 나라가 / 남아나질 않겠다." /

이웃 나라 사람들은 / 벌벌 떨면서 / 스님을 죽이기로 했답니다. /

그래서 / 스님을 모시는 척하면서 / 쇠로 만든 방에 / 가두었지요. / 그러고는 / 아궁이에다 / 나무를 잔뜩 쌓아 놓고 / 마구 장작불을 땠습니다. / 사흘 낮밤 동안 / 불을 때니 / 방이 / 시뻘겋게 달아올랐지요. / 이웃 나라 사람들은 / 스님이 불에 타 죽었다고 / 생각했답니다. / 나흘째 되는 날 / 이웃 나라 사람들이 / 방문을 열었지요. / 그런데 / 스님이 죽지 않고 / 아랫목에서 / 책상다리를 하고 있었어요. / 더군다나 스님의 온 몸에는 / 고드름이 / 주렁주렁 매달려 있었답니다. /

"몸이 / 얼어 죽을 지경이니 / 어서 불을 더 때어라." /

스님이 / 이렇게 말을 하니 / 지켜보던 사람들이 / 모두 놀라 자빠졌지요. /

이웃 나라 사람들은 / 스님을 / 얼음집에 / 다시 가뒀습니다. / 불에서도 얼어 죽겠다고

하니 / 진짜로 / 얼어 죽일 생각이었지요. / 그러고는 / 밤새도록 / 찬물을 계속 끼얹으며 / 꽁꽁 얼기를 기다렸어요. / 사흘 낮밤을 / 찬물을 끼얹고 / 얼음을 얼리고 하였지요. / 사람들은 / 이번에는 정말로 / 스님이 얼어 죽었을 거라 / 생각했습니다. / 그러고는 / 나흘째 되는 날 / 사람들이 / 다시 방문을 열었지요. /

그랬더니 / 스님이 / 땀을 뻘뻘 흘리면서 / 부채질을 하고 있었어요. / 얼음 집 안에는 / 고드름이 열렸지만 / 스님은 / 겉옷을 벗고 있었답니다. /

"야, 이놈들아, / 이제는 / 날 데워 죽일 작정이냐!" /

스님은 껄껄껄 웃으며 / 이웃 나라 병사들을 향해 / 소리쳤지요. /

아무리 해도 / 스님을 죽일 수 없으니 / 이웃 나라는 / 항복을 했답니다. / 그러고는 / 지금까지 잡아갔던 처녀 총각들을 / 모두 풀어 주었어요. / 그 뒤로는 / 이웃 나라가 / 우리를 / 절대로 / 괴롭히지 않았답니다. /

5 이야기 지도 알아보기

'이야기 지도'가 무엇인지 알아봅시다

1 다음 그림은 무엇인가요?

2 지도는 우리에게 어떤 도움을 주나요?

3 | 이야기 지도 소개하기: 이야기 지도 구성 요소를 알아봅시다.

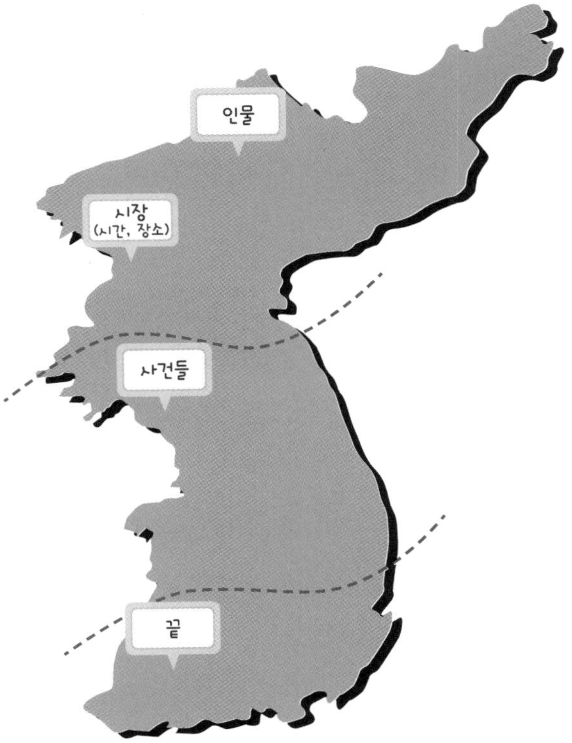

● 지도가 우리가 길을 찾도록 도움을 주는 것처럼, 이야기 지도는 ______________ 사용하는 지도입니다.

● 이야기 지도에는 ______________, ______________, ______________, ______________이 있습니다. 여기서 '인물, 시장, 사건들, 끝'은 기억 전략입니다. 이 기억 전략은 이야기 지도를 잘 기억하는 데 도움을 줍니다.

인물	이야기에 등장하는 ________
시장	이야기가 일어나는 ____간과 ____소
사건들	인물들에게 일어난 ________
끝	이야기의 ________

● 이야기 지도의 기억 전략인 ______________, ______________, ______________, ______________을 알면, 글의 내용을 잘 이해할 수 있습니다. 이야기를 읽을 때, '인물, 시장, 사건들, 끝'을 기억하도록 합시다.

6 이야기 지도 사용하여 글 읽고 이해하기: 인물, 시장, 사건, 끝을 기억하며 글의 내용 파악하기

'이야기 지도(인물, 시장, 사건, 끝)'를 사용하여 글의 내용을 파악해 봅시다

나라를 구한 스님

옛날에 우리나라와 이웃 나라가 사이가 좋지 않았습니다. 이웃 나라가 틈만 나면 쳐들어와서는 우리를 괴롭혔지요. 해마다 처녀 총각 오백 명씩 잡아가서 노예처럼 부렸답니다. 하지만 안타깝게도 우리나라는 힘없이 당하고만 있었지요. 그런데 드디어 금강산에서 조용히 도를 닦던 스님이 나섰습니다. 스님은 오랫동안 도를 닦아 도술을 부릴 줄 알았지요.

"더 이상 참을 수가 없으니 내가 사람들을 구하겠소."

스님은 혼자서 배를 타고 바다를 건너 이웃 나라로 갔습니다. 스님이 이웃 나라로 가서 배에서 내리려니까 화살을 쏘아 댔지요. 스님은 비 오듯 쏟아지는 화살을 손으로 모두 막아냈어요. 이 모습을 본 이웃 나라 사람들은 깜짝 놀랐지요.

이번에는 길바닥에다 불에 벌겋게 달군 쇠못을 거꾸로 꽂았어요. 하지만 스님은 아무렇지도 않게 맨발로 쇠못 위를 걸어갔지요. 그런데도 발에 피 한 방울 나기는커녕 흠집도 없었답니다.

"저 스님을 그냥 두었다가는 이 나라가 남아나질 않겠다."

이웃 나라 사람들은 벌벌 떨면서 스님을 죽이기로 했답니다.

그래서 스님을 모시는 척하면서 쇠로 만든 방에 가두었지요. 그러고는 아궁이에다 나무를 잔뜩 쌓아 놓고 마구 장작불을 땠습니다. 사흘 낮밤 동안 불을 때니 방이 시뻘겋게 달아올랐지요. 이웃 나라 사람들은 스님이 불에 타 죽었다고 생각했답니다. 나흘째 되는 날 이웃 나라 사람들이 방문을 열었지요. 그런데 스님이 죽지 않고 아랫목에서 책상다리를 하고 있었어요. 더군다나 스님의 온 몸에는 고드름이 주렁주렁 매달려 있었답니다.

"몸이 얼어 죽을 지경이니 어서 불을 더 때어라."

스님이 이렇게 말을 하니 지켜보던 사람들이 모두 놀라 자빠졌지요.

이웃 나라 사람들은 스님을 얼음집에 다시 가뒀습니다. 불에서도 얼어 죽겠다고 하니 진짜로 얼어 죽일 생각이었지요. 그러고는 밤새도록 찬물을 계속 끼얹으며 꽁꽁 얼기를 기다렸어요. 사흘 낮밤을 찬물을 끼얹고 얼음을 얼리고 하였지요. 사람들은 이번에는 정말로 스님이 얼어 죽었을 거라 생각했습니다. 그러고는 나흘째 되는 날 사람들이 다시 방문을 열었지요.

그랬더니 스님이 땀을 뻘뻘 흘리면서 부채질을 하고 있었어요. 얼음집 안에는 고드름이 열렸지만 스님은 겉옷을 벗고 있었답니다.

"야, 이놈들아, 이제는 날 데워 죽일 작정이냐!"

스님은 껄껄껄 웃으며 이웃 나라 병사들을 향해 소리쳤지요.

아무리 해도 스님을 죽일 수 없으니 이웃 나라는 항복을 했답니다. 그러고는 지금까지 잡아갔던 처녀 총각들을 모두 풀어 주었어요. 그 뒤로는 이웃 나라가 우리를 절대로 괴롭히지 않았답니다.

제목: 나라를 구한 스님

1 인물 이야기에 등장하는 인물은 누구인가요?

2 시간과 장소 언제, 어디에서 일어난 이야기인가요?

시간:

장소:

3 사건들 인물에게 어떤 일들이 일어났나요? 일이 어떠한 차례로 일어났나요?

4 끝 이야기가 어떻게 끝났나요?

7 글의 주제 알기

글의 주제를 알아봅시다

글의 주제는 글쓴이가 읽는 이에게 말하고자 하는 생각 또는 의견입니다. 글의 주제는 '~하자. 해야 한다' 또는 '~하지 말자. 하지 말아야 한다'로 만들 수 있습니다.

'나라를 구한 스님'을 읽고, 글의 주제를 써 봅시다.

읽기유창성

지시문

앞에 있는 종이에 글이 있어요. 이제 선생님이 "시작"이라고 하면(학생용 평가지의 첫 어절을 손가락으로 가리킨 후, 계속 훑으면서) 처음부터 읽기 시작해서 "그만"이라고 할 때까지 최대한 정확하게, 그리고 최대한 빨리 읽으세요. 글을 읽다가 모르는 글자가 나오면 선생님이 어떻게 해야 할지 알려 줄게요. 최선을 다하세요. 질문 있어요? (질문이 있으면 질문에 대답한다.) 준비, 시작. (학생이 첫 어절을 말함과 동시에 타이머를 누르고 1분간 학생의 반응을 기록한 뒤 1분이 지나면 "그만"이라고 말한다.)

옛날에 우리나라와 이웃 나라가 사이가 좋지 않았습니다. 이웃 나라가 틈만 나면 쳐들어와서는 우리를 괴롭혔지요. 해마다 처녀 총각 오백 명씩 잡아가서 노예처럼 부렸답니다. 하지만 안타깝게도 우리나라는 힘없이 당하고만 있었지요. 그런데 드디어 금강산에서 조용히 도를 닦던 스님이 나섰습니다. 스님은 오랫동안 도를 닦아 도술을 부릴 줄 알았지요.

"더 이상 참을 수가 없으니 내가 사람들을 구하겠소."

스님은 혼자서 배를 타고 바다를 건너 이웃 나라로 갔습니다. 스님이 이웃 나라로 가서 배에서 내리려니까 화살을 쏘아 댔지요. 스님은 비 오듯 쏟아지는 화살을 손으로 모두 막아냈어요. 이 모습을 본 이웃 나라 사람들은 깜짝 놀랐지요.

이번에는 길바닥에다 불에 벌겋게 달군 쇠못을 거꾸로 꽂았어요. 하지만 스님은 아무렇지도 않게 맨발로 쇠못 위를 걸어갔지요. 그런데도 발에 피 한 방울 나기는커녕 흠집도 없었답니다.

"저 스님을 그냥 두었다가는 이 나라가 남아나질 않겠다."

이웃 나라 사람들은 벌벌 떨면서 스님을 죽이기로 했답니다.

그래서 스님을 모시는 척하면서 쇠로 만든 방에 가두었지요. 그러고는 아궁이에다 나무를 잔뜩 쌓아 놓고 마구 장작불을 땠습니다. 사흘 낮밤 동안 불을 때니 방이 시뻘겋게 달아올랐지요. 이웃 나라 사람들은 스님이 불에 타 죽었다고 생각했답니다. 나흘째 되는 날 이웃 나라 사람들이 방문을 열었지요. 그런데 스님이 죽지 않고 아랫목에서 책상다리를 하고 있었어요. 더군다나 스님의 온 몸에는 고드름이 주렁주렁 매달려 있었답니다.

"몸이 얼어 죽을 지경이니 어서 불을 더 때어라."

스님이 이렇게 말을 하니 지켜보던 사람들이 모두 놀라 자빠졌지요.

이웃 나라 사람들은 스님을 얼음집에 다시 가뒀습니다. 불에서도 얼어 죽겠다고 하니 진짜로 얼어 죽일 생각이었지요. 그러고는 밤새도록 찬물을 계속 끼얹으며 꽁꽁 얼기를 기다렸어요. 사흘 낮밤을 찬물을 끼얹고 얼음을 얼리고 하였지요. 사람들은 이번에는 정말로 스님이 얼어 죽었을 거라 생각했습니다. 그러고는 나흘째 되는 날 사람들이 다시 방문을 열었지요.

그랬더니 스님이 땀을 뻘뻘 흘리면서 부채질을 하고 있었어요. 얼음집 안에는 고드름이 열렸지만 스님은 겉옷을 벗고 있었답니다.

"야, 이놈들아, 이제는 날 데워 죽일 작정이냐!"

스님은 껄껄껄 웃으며 이웃 나라 병사들을 향해 소리쳤지요.

아무리 해도 스님을 죽일 수 없으니 이웃 나라는 항복을 했답니다. 그러고는 지금까지 잡아갔던 처녀 총각들을 모두 풀어 주었어요. 그 뒤로는 이웃 나라가 우리를 절대로 괴롭히지 않았답니다.

읽기유창성 점수: ______________

▶ 사전평가와 사후평가의 지문은 학지사 홈페이지(http://www.hakjisa.co.kr)에서 내려받을 수 있습니다.

사◇후◇평◇가

읽기이해

다음 질문에 최대한 자세히 답을 써 주세요.
(※ 쓰는 것이 어려운 학생의 경우, 구두로 답하도록 하세요.)

1 이야기의 주인공은 누구인가요?

2 언제 있었던 일인가요?

3 이웃 나라가 우리나라 사람들을 어떻게 괴롭혔나요?

4 스님이 배를 타고 이웃 나라로 간 까닭은 무엇일까요?

5 이웃 나라 사람들은 왜 스님을 죽이려고 하였나요?

6 이웃 나라는 스님에게 항복한 후에 어떻게 하였나요?

7 이야기에 나온 스님은 어떤 사람일까요? 그것을 어떻게 알 수 있는지 글에서 찾아 써 보세요.

1) 어떤 사람일까요?

2) 그것을 어떻게 알 수 있나요?

2. 늑대와 여우

학 ◇ 습 ◇ 목 ◇ 표

- 글을 읽을 때, 적당한 부분에서 글을 빠르고 정확하게 끊어 읽을 수 있다.
- 글을 읽고, 글의 중심내용과 글의 주제를 파악할 수 있다.

사 ◇ 전 ◇ 평 ◇ 가

지시문

앞에 있는 종이에 글이 있어요. 이제 선생님이 “시작”이라고 하면(학생용 평가지의 첫 어절을 손가락으로 가리킨 후, 계속 훑으면서) 처음부터 읽기 시작해서 “그만”이라고 할 때까지 최대한 정확하게, 그리고 최대한 빨리 읽으세요. 글을 읽다가 모르는 글자가 나오면 선생님이 어떻게 해야 할지 알려 줄게요. 최선을 다하세요. 질문 있어요? (질문이 있으면 질문에 대답한다.) 준비, 시작. (학생이 첫 어절을 말함과 동시에 타이머를 누르고 1분간 학생의 반응을 기록한 뒤 1분이 지나면 “그만”이라고 말한다.)

옛날 옛적 호랑이가 담배 피고 말을 하던 때였지요. 동물의 왕인 백두산 호랑이가 심한 병으로 앓아누웠습니다. 대왕이 앓아누웠으니 주변의 온갖 동물들이 문병을 오기 시작했답니다.

소백산 사슴은 눈물을 흘리며 자신의 뿔을 잘라 바쳤지요. 지리산 반달곰은 돌아가신 할아버지의 쓸개를 바쳤지요. 태백산 고라니는 천 년 묵은 산삼을 바쳤답니다. 이렇게 전국에 퍼져 사는 동물들이 약을 들고 모였습니다.

그런데 늑대는 호랑이 굴 앞에서 마치 문지기처럼 있었어요. 한참 동안 지켜보다가 여우가 오지 않은 걸 보고 생각했지요.

'이 놈의 여우 녀석, 이번에는 혼쭐을 내줄 테다.'

늑대와 여우는 아주 오랫동안 서로 사이가 좋지 않았지요. 늘 마주치기만 하면 서로 약점을 찾아 헐뜯고 싸웠답니다. 동물들이 늑대와 여우를 보면 고개를 절레절레 흔들 정도였지요. 백두산 호랑이도 이 사실을 아주 잘 알고 있었답니다. 늑대는 호랑이 굴속으로 들어가 호랑이에게 이렇게 말했습니다.

"나의 임금님이시여, 어서 빨리 병이 나으시어 저희를 돌보아 주소서. 임금님이시여, 모든 동물들이 문병을 왔는데 여우만 오지 않았습니다. 들리는 소문에는 여우가 왕이 될 계획을 세운다고 하옵니다. 더욱이 수천 마리의 여우 군대가 이미 백두산에 있습니다."

여우를 놀리고 싶은 늑대는 터무니없는 거짓말을 했지요.

"무엇이라고? 지금 당장 그놈의 여우를 잡아 오너라."

백두산 호랑이는 화가 머리끝까지 치밀어 올라 고래고래 외쳤습니다. 늑대는 호랑이에게 넙죽 엎드려 절을 하고는 쏜살같이 사라졌습니다. 늑대가 사라지자마자 호랑이 굴 앞에 있는 나무에서 여우가 내려왔습니다. 여우는 나무 위에서 늑대가 지어내는 거짓말을 모조리 들었지요.

'천하의 못된 늑대 같으니라고! 감히 나를 죄인으로 만들다니.'

여우는 먹이를 잡아먹듯이 날카롭게 눈을 빛내며 호랑이 굴로 들어섰습니다.

여우는 잡아먹을 듯이 노려보는 호랑이를 보고 먼저 말을 했습니다.

"오, 은혜로우신 나의 임금님이시여, 문병이 늦어 진심으로 죄송합니다. 다름이 아니라 임금님의 병에 좋은 약을 구해 오느라 늦었습니다."

여우를 잡아먹으려고 했던 호랑이는 여우의 말을 듣고는 물었습니다.

"오호라, 천하의 간사한 여우야 네가 구해 온 약이 무엇이더냐?"

"그것은 중국의 의사가 처방한 약인데, 바로 늑대의 간입니다."

호랑이는 잠시 생각하다 무엇인가 알았다는 웃음을 지으며 말했습니다.

"여봐라, 지금 당장 여우를 잡으러 간 늑대를 찾아오너라."

늑대가 돌아오자 백두산 호랑이는 늑대와 여우를 함께 묶어 버렸습니다.

"네 놈들이 감히 왕인 나를 속이며 거짓말을 했겠다. 여봐라, 저 두 놈을 평생 동안 같은 감옥에 가두어라."

그리하여 늑대와 여우는 죽는 날까지 같은 감옥에서 살았답니다.

읽기유창성 점수: ______

▶ 사전평가와 사후평가의 지문은 학지사 홈페이지(http://www.hakjisa.co.kr)에서 내려받을 수 있습니다.

1 단어를 빠르고 정확하게 읽기

다음 단어를 바르게 읽어 봅시다

앓아누웠습니다	묵은
혼쭐을	약점을
헐뜯고	문병을
터무니없는	잡아먹듯이
빛내며	처방한

다음 단어들을 빠르고 정확하게 읽어 봅시다

앓아누웠습니다	묵은	혼쫄을	약점을	헐뜯고
문병을	터무니없는	잡아먹듯이	빛내며	처방한
앓아누웠습니다	묵은	혼쫄을	약점을	헐뜯고
문병을	터무니없는	잡아먹듯이	빛내며	처방한
앓아누웠습니다	묵은	혼쫄을	약점을	헐뜯고
문병을	터무니없는	잡아먹듯이	빛내며	처방한
앓아누웠습니다	묵은	혼쫄을	약점을	헐뜯고
문병을	터무니없는	잡아먹듯이	빛내며	처방한
앓아누웠습니다	묵은	혼쫄을	약점을	헐뜯고
문병을	터무니없는	잡아먹듯이	빛내며	처방한
앓아누웠습니다	묵은	혼쫄을	약점을	헐뜯고

▶ 이 페이지의 내용은 복사하거나 학지사 홈페이지(http://www.hakjisa.co.kr)에서 내려받아 사용하세요!

2 어휘의 뜻 알아보기

다음 단어를 알아봅시다

예시문을 읽고, 내가 생각하는 단어의 뜻을 써 봅시다.

올바른 단어의 뜻을 써 봅시다.

정의

처방하다

예시문 "그것은 중국의 의사가 처방한 약인데, 바로 늑대의 간입니다."

문장 만들기

새로운 문장을 만들어 써 봅시다.

도전문제

최근에 약을 처방받은 적이 있나요? 왜 약을 처방받았나요?

예시문을 읽고, 내가 생각하는 단어의 뜻을 써 봅시다.

____

올바른 단어의 뜻을 써 봅시다.

____

정의

비슷한 말

- ______________
- ______________
- ______________

문병

예시문 대왕이 앓아누웠으니 주변의 온갖 동물들이 문병을 오기 시작했답니다.

문장 만들기

비슷한 말을 넣어서 문장을 완성해 봅시다.

대왕이 앓아누웠으니 주변의 온갖 동물들이 __________을 오기 시작했답니다.

새로운 문장을 만들어 써 봅시다.

____

도전문제

문병은 언제 가나요?

____

____

예시문을 읽고, 내가 생각하는 단어의 뜻을 써 봅시다.

올바른 단어의 뜻을 써 봅시다.

정의

터무니없다

비슷한 말

-
-
-

반대말

-
-
-

예시문 여우를 놀리고 싶은 늑대는 터무니없는 거짓말을 했지요.

문장 만들기

비슷한 말을 넣어서 문장을 완성해 봅시다.

여우를 놀리고 싶은 늑대는 ________ 거짓말을 했지요.

새로운 문장을 만들어 써 봅시다.

도전문제

들었던 얘기 중에 가장 터무니없었던 얘기는 어떤 것이었나요?

예시문을 읽고, 내가 생각하는 단어의 뜻을 써 봅시다.

올바른 단어의 뜻을 써 봅시다.

정의

약점

예시문 늘 마주치기만 하면 서로 약점을 찾아 헐뜯고 싸웠답니다.

비슷한 말

-
-
-

반대말

-
-
-

문장 만들기

비슷한 말을 넣어서 문장을 완성해 봅시다.

늘 마주치기만 하면 서로 ____________ 을 찾아 헐뜯고 싸웠답니다.

새로운 문장을 만들어 써 봅시다.

도전문제

나의 약점은 무엇입니까?

예시문을 읽고, 내가 생각하는 단어의 뜻을 써 봅시다.

올바른 단어의 뜻을 써 봅시다.

정의

비슷한 말

•

•

•

묶다

예시문 늑대가 돌아오자 백두산 호랑이는 늑대와 여우를 함께 묶어 버렸습니다.

반대말

•

•

•

문장 만들기

비슷한 말을 넣어서 문장을 완성해 봅시다.

늑대가 돌아오자 백두산 호랑이는 늑대와 여우를 함께 ________ 버렸습니다.

새로운 문장을 만들어 써 봅시다.

도전문제

'묶다'와 '묵다' 중 다음 문장에 알맞은 단어를 쓰세요.

1. 밤이 늦어 호텔에서 하루를 ________.
2. 오이를 다섯 개씩 ________.

다음 보기의 단어 중, 문장에 알맞은 단어를 써 봅시다.

보기

약점, 문병, 터무니없는, 처방, 간사한

1. 안과 의사의 ____________이 있어야 안약을 살 수 있다.

2. 병원에 입원한 민희에게 ____________을 다녀왔다.

3. 후보자들은 서로의 ____________을 들추어내기에 바빴다.

4. 너구리의 ____________ 꾀에 모든 동물이 넘어가고 말았다.

5. 명수는 ____________ 억지를 잘 부린다.

3 어구를 빠르고 정확하게 읽기

다음 어구를 바르게 읽어 봅시다

천 년 묵은 산삼을 바쳤습니다	여우가 오지 않은 걸 보고	화가 머리끝까지 치밀어 올라	늑대가 사라지자마자	잡아먹을 듯이 노려보는 호랑이를 보고	천하의 간사한 여우야
돌아가신 할아버지의 쓸개를 바쳤지요	마치 문지기처럼 있었어요	늘 마주치기만 하면	넙죽 엎드려 절을 하고는	나를 죄인으로 만들다니	여우를 잡아먹으려고 했던 호랑이는

▶ 이 페이지의 내용은 복사하거나 학지사 홈페이지(http://www.hakjisa.co.kr)에서 내려받아 사용하세요!

다음 어구/절들을 빠르고 정확하게 읽어 봅시다

돌아가신 할아버지의 쓸개를 바쳤지요	천 년 묵은 산삼을 바쳤습니다	마치 문지기처럼 있었어요
여우가 오지 않은 걸 보고	늘 마주치기만 하면	화가 머리끝까지 치밀어 올라
넙죽 엎드려 절을 하고는	늑대가 사라지자마자	나를 죄인으로 만들다니
잡아먹을 듯이 노려보는 호랑이를 보고	여우를 잡아먹으려고 했던 호랑이는	천하의 간사한 여우야
돌아가신 할아버지의 쓸개를 바쳤지요	천 년 묵은 산삼을 바쳤습니다	마치 문지기처럼 있었어요
여우가 오지 않은 걸 보고	늘 마주치기만 하면	화가 머리끝까지 치밀어 올라
넙죽 엎드려 절을 하고는	늑대가 사라지자마자	나를 죄인으로 만들다니
잡아먹을 듯이 노려보는 호랑이를 보고	여우를 잡아먹으려고 했던 호랑이는	천하의 간사한 여우야
돌아가신 할아버지의 쓸개를 바쳤지요	천 년 묵은 산삼을 바쳤습니다	마치 문지기처럼 있었어요
여우가 오지 않은 걸 보고	늘 마주치기만 하면	화가 머리끝까지 치밀어 올라
넙죽 엎드려 절을 하고는	늑대가 사라지자마자	나를 죄인으로 만들다니
잡아먹을 듯이 노려보는 호랑이를 보고	여우를 잡아먹으려고 했던 호랑이는	천하의 간사한 여우야
돌아가신 할아버지의 쓸개를 바쳤지요	천 년 묵은 산삼을 바쳤습니다	마치 문지기처럼 있었어요
여우가 오지 않은 걸 보고	늘 마주치기만 하면	화가 머리끝까지 치밀어 올라
넙죽 엎드려 절을 하고는	늑대가 사라지자마자	나를 죄인으로 만들다니
잡아먹을 듯이 노려보는 호랑이를 보고	여우를 잡아먹으려고 했던 호랑이는	천하의 간사한 여우야
돌아가신 할아버지의 쓸개를 바쳤지요	천 년 묵은 산삼을 바쳤습니다	마치 문지기처럼 있었어요
여우가 오지 않은 걸 보고	늘 마주치기만 하면	화가 머리끝까지 치밀어 올라
넙죽 엎드려 절을 하고는	늑대가 사라지자마자	나를 죄인으로 만들다니

▶ 이 페이지의 내용은 복사하거나 학지사 홈페이지(http://www.hakjisa.co.kr)에서 내려받아 사용하세요!

4 글을 빠르고 정확하게 읽기

다음 글을 / 표시된 곳에서 끊어 읽어 봅시다. 읽을 때 빠르고 정확하게 읽도록 합시다

옛날 옛적 / 호랑이가 / 담배 피고 / 말을 하던 때였지요. / 동물의 왕인 백두산 호랑이가 / 심한 병으로 앓아누웠습니다. / 대왕이 / 앓아누웠으니 / 주변의 온갖 동물들이 / 문병을 오기 시작했답니다. /

소백산 사슴은 / 눈물을 흘리며 / 자신의 뿔을 잘라 바쳤지요. / 지리산 반달곰은 / 돌아가신 할아버지의 쓸개를 바쳤지요. / 태백산 고라니는 / 천 년 묵은 산삼을 바쳤답니다. / 이렇게 / 전국에 퍼져 사는 동물들이 / 약을 들고 모였습니다. /

그런데 / 늑대는 / 호랑이 굴 앞에서 / 마치 문지기처럼 있었어요. / 한참 동안 지켜보다가 / 여우가 오지 않은 걸 보고 / 생각했지요. /

'이 놈의 여우 녀석, / 이번에는 / 혼쭐을 내줄 테다.' /

늑대와 여우는 / 아주 오랫동안 / 서로 사이가 좋지 않았지요. / 늘 마주치기만 하면 / 서로 약점을 찾아 / 헐뜯고 싸웠답니다. / 동물들이 / 늑대와 여우를 보면 / 고개를 절레절레 흔들 정도였지요. / 백두산 호랑이도 / 이 사실을 아주 잘 알고 있었답니다. / 늑대는 / 호랑이 굴속으로 들어가 / 호랑이에게 / 이렇게 말했습니다. /

"나의 임금님이시여, / 어서 빨리 / 병이 나으시어 / 저희를 돌보아 주소서, / 임금님이시여, / 모든 동물들이 / 문병을 왔는데 / 여우만 / 오지 않았습니다. / 들리는 소문에는 / 여우가 / 왕이 될 계획을 세운다고 / 하옵니다. / 더욱이 / 수천 마리의 여우 군대가 / 이미 백두산에 있습니다." /

여우를 놀리고 싶은 늑대는 / 터무니없는 거짓말을 했지요. /

"무엇이라고? / 지금 당장 / 그놈의 여우를 잡아 오너라." /

백두산 호랑이는 / 화가 머리끝까지 치밀어 올라 / 고래고래 외쳤습니다. / 늑대는 / 호랑이에게 / 넙죽 엎드려 절을 하고는 / 쏜살같이 사라졌습니다. / 늑대가 사라지자마자 / 호랑이 굴 앞에 있는 나무에서 / 여우가 / 내려왔습니다. / 여우는 / 나무 위에서 / 늑대가 지어내는 거짓말을 모조리 들었지요. /

'천하의 못된 늑대 같으니라고! / 감히 / 나를 죄인으로 만들다니.' /

여우는 / 먹이를 잡아먹듯이 / 날카롭게 눈을 빛내며 / 호랑이 굴로 들어섰습니다. /

여우는 / 잡아먹을 듯이 노려보는 호랑이를 보고 / 먼저 말을 했습니다. /

"오, / 은혜로우신 나의 임금님이시여, / 문병이 늦어 / 진심으로 죄송합니다. / 다름이 아니라 / 임금님의 병에 좋은 약을 구해 오느라 / 늦었습니다." /

여우를 잡아먹으려고 했던 호랑이는 / 여우의 말을 듣고는 / 물었습니다. /

"오호라, / 천하의 간사한 여우야 / 네가 구해 온 약이 / 무엇이더냐?" /

"그것은 / 중국의 의사가 처방한 약인데, / 바로 늑대의 간입니다." /

호랑이는 / 잠시 생각하다 / 무엇인가 알았다는 웃음을 지으며 / 말했습니다. /

"여봐라, / 지금 당장 / 여우를 잡으러 간 늑대를 찾아오너라." /

늑대가 돌아오자 / 백두산 호랑이는 / 늑대와 여우를 함께 묶어 버렸습니다. /

네 놈들이 / 감히 / 왕인 나를 속이며 / 거짓말을 했겠다. / 여봐라, / 저 두 놈을 / 평생 동안 / 같은 감옥에 가두어라." /

그리하여 / 늑대와 여우는 / 죽는 날까지 / 같은 감옥에서 살았답니다. /

6 이야기 지도 사용하여 글 읽고 이해하기: 인물, 시장, 사건, 끝을 기억하며 글의 내용 파악하기

'이야기 지도(인물, 시장, 사건, 끝)'를 사용하여 글의 내용을 파악해 봅시다

늑대와 여우

옛날 옛적 호랑이가 담배 피고 말을 하던 때였지요. 동물의 왕인 백두산 호랑이가 심한 병으로 앓아누웠습니다. 대왕이 앓아누웠으니 주변의 온갖 동물들이 문병을 오기 시작했답니다.

소백산 사슴은 눈물을 흘리며 자신의 뿔을 잘라 바쳤지요. 지리산 반달곰은 돌아가신 할아버지의 쓸개를 바쳤지요. 태백산 고라니는 천 년 묵은 산삼을 바쳤답니다. 이렇게 전국에 퍼져 사는 동물들이 약을 들고 모였습니다.

그런데 늑대는 호랑이 굴 앞에서 마치 문지기처럼 있었어요. 한참 동안 지켜보다가 여우가 오지 않은 걸 보고 생각했지요.

'이 놈의 여우 녀석, 이번에는 혼쭐을 내줄 테다.'

늑대와 여우는 아주 오랫동안 서로 사이가 좋지 않았지요. 늘 마주치기만 하면 서로 약점을 찾아 헐뜯고 싸웠답니다. 동물들이 늑대와 여우를 보면 고개를 절레절레 흔들 정도였지요. 백두산 호랑이도 이 사실을 아주 잘 알고 있었답니다. 늑대는 호랑이 굴속으로 들어가 호랑이에게 이렇게 말했습니다.

"나의 임금님이시여, 어서 빨리 병이 나으시어 저희를 돌보아 주소서. 임금님이시여, 모든 동물들이 문병을 왔는데 여우만 오지 않았습니다. 들리는 소문에는 여우가 왕이 될 계획을 세운다고 하옵니다. 더욱이 수천 마리의 여우 군대가 이미 백두산에 있습니다."

여우를 놀리고 싶은 늑대는 터무니없는 거짓말을 했지요.

"무엇이라고? 지금 당장 그놈의 여우를 잡아 오너라."

백두산 호랑이는 화가 머리끝까지 치밀어 올라 고래고래 외쳤습니다. 늑대는 호랑이에게 넙죽 엎드려 절을 하고는 쏜살같이 사라졌습니다. 늑대가 사라지자마자 호랑이 굴 앞에 있는 나무에서 여우가 내려왔습니다. 여우는 나무 위에서 늑대가 지어내는 거짓말을 모조리 들었지요.

'천하의 못된 늑대 같으니라고! 감히 나를 죄인으로 만들다니.'

여우는 먹이를 잡아먹듯이 날카롭게 눈을 빛내며 호랑이 굴로 들어섰습니다.

여우는 잡아먹을 듯이 노려보는 호랑이를 보고 먼저 말을 했습니다.

"오, 은혜로우신 나의 임금님이시여, 문병이 늦어 진심으로 죄송합니다. 다름이 아니라 임금님의 병에 좋은 약을 구해 오느라 늦었습니다."

여우를 잡아먹으려고 했던 호랑이는 여우의 말을 듣고는 물었습니다.

"오호라, 천하의 간사한 여우야 네가 구해 온 약이 무엇이더냐?"

"그것은 중국의 의사가 처방한 약인데, 바로 늑대의 간입니다."

호랑이는 잠시 생각하다 무엇인가 알았다는 웃음을 지으며 말했습니다.

"여봐라, 지금 당장 여우를 잡으러 간 늑대를 찾아오너라."

늑대가 돌아오자 백두산 호랑이는 늑대와 여우를 함께 묶어 버렸습니다.

"네 놈들이 감히 왕인 나를 속이며 거짓말을 했겠다. 여봐라, 저 두 놈을 평생 동안 같은 감옥에 가두어라."

그리하여 늑대와 여우는 죽는 날까지 같은 감옥에서 살았답니다.

제목: 늑대와 여우

1 **인물** 이야기에 등장하는 인물은 누구인가요?

2 **시간과 장소** 언제 일어난 이야기인가요?

시간:

3 **사건들** 인물에게 어떤 일들이 일어났나요? 일이 어떠한 차례로 일어났나요?

4 **끝** 이야기가 어떻게 끝났나요?

7 글의 주제 알기

글의 주제를 알아봅시다

글의 주제는 글쓴이가 읽는 이에게 말하고자 하는 생각 또는 의견입니다. 글의 주제는 '~하자. 해야 한다' 또는 '~하지 말자. 하지 말아야 한다'로 만들 수 있습니다.

'늑대와 여우'를 읽고, 글의 주제를 써 봅시다.

읽기유창성

지시문

앞에 있는 종이에 글이 있어요. 이제 선생님이 "시작"이라고 하면(학생용 평가지의 첫 어절을 손가락으로 가리킨 후, 계속 훑으면서) 처음부터 읽기 시작해서 "그만"이라고 할 때까지 최대한 정확하게, 그리고 최대한 빨리 읽으세요. 글을 읽다가 모르는 글자가 나오면 선생님이 어떻게 해야 할지 알려 줄게요. 최선을 다하세요. 질문 있어요? (질문이 있으면 질문에 대답한다.) 준비, 시작. (학생이 첫 어절을 말함과 동시에 타이머를 누르고 1분간 학생의 반응을 기록한 뒤 1분이 지나면 "그만"이라고 말한다.)

옛날 옛적 호랑이가 담배 피고 말을 하던 때였지요. 동물의 왕인 백두산 호랑이가 심한 병으로 앓아누웠습니다. 대왕이 앓아누웠으니 주변의 온갖 동물들이 문병을 오기 시작했답니다.

소백산 사슴은 눈물을 흘리며 자신의 뿔을 잘라 바쳤지요. 지리산 반달곰은 돌아가신 할아버지의 쓸개를 바쳤지요. 태백산 고라니는 천 년 묵은 산삼을 바쳤답니다. 이렇게 전국에 퍼져 사는 동물들이 약을 들고 모였습니다.

그런데 늑대는 호랑이 굴 앞에서 마치 문지기처럼 있었어요. 한참 동안 지켜보다가 여우가 오지 않은 걸 보고 생각했지요.

'이 놈의 여우 녀석, 이번에는 혼쭐을 내줄 테다.'

늑대와 여우는 아주 오랫동안 서로 사이가 좋지 않았지요. 늘 마주치기만 하면 서로 약점을 찾아 헐뜯고 싸웠답니다. 동물들이 늑대와 여우를 보면 고개를 절레절레 흔들 정도였지요. 백두산 호랑이도 이 사실을 아주 잘 알고 있었답니다. 늑대는 호랑이 굴속으로 들어가 호랑이에게 이렇게 말했습니다.

"나의 임금님이시여, 어서 빨리 병이 나으시어 저희를 돌보아 주소서. 임금님이시여, 모든 동물들이 문병을 왔는데 여우만 오지 않았습니다. 들리는 소문에는 여우가 왕이 될 계획을 세운다고 하옵니다. 더욱이 수천 마리의 여우 군대가 이미 백두산에 있습니다."

여우를 놀리고 싶은 늑대는 터무니없는 거짓말을 했지요.

"무엇이라고? 지금 당장 그놈의 여우를 잡아 오너라."

백두산 호랑이는 화가 머리끝까지 치밀어 올라 고래고래 외쳤습니다. 늑대는 호랑이에게 넙죽 엎드려 절을 하고는 쏜살같이 사라졌습니다. 늑대가 사라지자마자 호랑이 굴 앞에 있는 나무에서 여우가 내려왔습니다. 여우는 나무 위에서 늑대가 지어내는 거짓말을 모조리 들었지요.

'천하의 못된 늑대 같으니라고! 감히 나를 죄인으로 만들다니.'

여우는 먹이를 잡아먹듯이 날카롭게 눈을 빛내며 호랑이 굴로 들어섰습니다.

여우는 잡아먹을 듯이 노려보는 호랑이를 보고 먼저 말을 했습니다.

"오, 은혜로우신 나의 임금님이시여, 문병이 늦어 진심으로 죄송합니다. 다름이 아니라 임금님의 병에 좋은 약을 구해 오느라 늦었습니다."

여우를 잡아먹으려고 했던 호랑이는 여우의 말을 듣고는 물었습니다.

"오호라, 천하의 간사한 여우야 네가 구해 온 약이 무엇이더냐?"

"그것은 중국의 의사가 처방한 약인데, 바로 늑대의 간입니다."

호랑이는 잠시 생각하다 무엇인가 알았다는 웃음을 지으며 말했습니다.

"여봐라, 지금 당장 여우를 잡으러 간 늑대를 찾아오너라."

늑대가 돌아오자 백두산 호랑이는 늑대와 여우를 함께 묶어 버렸습니다.

"네 놈들이 감히 왕인 나를 속이며 거짓말을 했겠다. 여봐라, 저 두 놈을 평생 동안 같은 감옥에 가두어라."

그리하여 늑대와 여우는 죽는 날까지 같은 감옥에서 살았답니다.

읽기유창성 점수: ____________

▶ 사전평가와 사후평가의 지문은 학지사 홈페이지(http://www.hakjisa.co.kr)에서 내려받을 수 있습니다.

읽기이해

다음 질문에 최대한 자세히 답을 써 주세요.
(※ 쓰는 것이 어려운 학생의 경우, 구두로 답하도록 하세요.)

1 이야기에 나오는 중심인물은 누구인가요? 세 인물을 써 보세요.

2 언제 있었던 일인가요?

3 전국에 퍼져 살던 동물들이 모여든 까닭은 무엇일까요?

4 늑대와 여우는 어떤 사이였나요?

5 늑대와 여우는 각각 호랑이에게 어떤 거짓말을 하였나요?

6 여우와 늑대는 왜 평생 동안 감옥에 갇히게 되었나요?

7 사슴, 반달곰, 고라니는 어떤 마음으로 호랑이를 문병하러 왔을까요? 그것을 어떻게 알 수 있는지 글에서 찾아 써 보세요.

1) 어떤 마음일까요?

2) 그것을 어떻게 알 수 있나요?

3. 신기한 땅속 세상 이야기

학 ◇ 습 ◇ 목 ◇ 표

- 글을 읽을 때, 적당한 부분에서 글을 빠르고 정확하게 끊어 읽을 수 있다.
- 글을 읽고, 글의 중심내용과 글의 주제를 파악할 수 있다.

사 ◇ 전 ◇ 평 ◇ 가

지시문

앞에 있는 종이에 글이 있어요. 이제 선생님이 "시작"이라고 하면(학생용 평가지의 첫 어절을 손가락으로 가리킨 후, 계속 훑으면서) 처음부터 읽기 시작해서 "그만"이라고 할 때까지 최대한 정확하게, 그리고 최대한 빨리 읽으세요. 글을 읽다가 모르는 글자가 나오면 선생님이 어떻게 해야 할지 알려 줄게요. 최선을 다하세요. 질문 있어요? (질문이 있으면 질문에 대답한다.) 준비, 시작. (학생이 첫 어절을 말함과 동시에 타이머를 누르고 1분간 학생의 반응을 기록한 뒤 1분이 지나면 "그만"이라고 말한다.)

옛날 옛적 어느 산골 마을에 한 젊은이가 살았습니다. 하루는 산길을 내려오다 비탈길에서 발을 헛디뎌 굴러 떨어졌어요. 떼굴떼굴 굴러가다 평평한 곳에 이르러서야 멈춰서 정신을 차렸습니다.

그런데 정신을 차리고 보니 땅속에서 소리가 들리더랍니다. 귀를 땅에 대고 들어 보았더니 별 소리가 다 들렸지요. 닭 우는 소리도 들리고, 개 짖는 소리도 들렸답니다. 아니 그뿐만 아니라 사람들끼리 싸우는 소리도 들렸습니다.

하도 이상해서 젊은이는 손으로 땅을 파기 시작했습니다. 한참을 파니까 갑자기 구멍이 뚫리면서 안이 훤히 보이더랍니다. 그 안에는 또 다른 사람 사는 세상이 있었지요.

집들도 많고, 산도 있고, 강도 흐르고 있었지요. 젊은이는 하도 신기해서 입김을 후 불어 봤습니다. 그랬더니 땅속 사람들이 큰 바람이 분다고 난리가 났어요. 이번에는 그 구멍에다 대고 오줌을 눠 봤어요. 그랬더니 땅속 사람들이 비가 온다고 난리가 났답니다.

젊은이는 너무 웃기고 재미있어서 그 구멍 속으로 내려갔습니다. 둘레에 있는 칡넝쿨을 꼬아서 동아줄을 만들어 타고 내려갔지요. 내려가니 땅 위 세상하고 다른 게 하나도 없었어요. 마을에는 농사짓는 사람들도 있고, 시장은 많은 사람들로 북적였답니다.

그런데 이상하게도 사람들이 젊은이를 보고 아는 체를 안 했답니다. 젊은이를 쳐다보는 사람도 없고, 젊은이에게 말을 거는 사람도 없었지요. 구경을 하다 배가 고파 밥을 달래도 반응이 없었어요. 땅속 사람들에게는 젊은이가 보이지도 않고 말소리도 들리지 않았습니다. 그러니 젊은이는 한마디로 투명인간이 되어 버린 거지요.

지치고 배도 고프니 젊은이가 심통이 나서 장난을 쳤습니다. 아무 집에나 들어가 문도 열었다 닫고 사람도 툭 쳤지요. 그랬더니 그 집에 귀신이 들었다고 사람들이 난리가 났어요. 용하다는 무당을 부르고 상을 차려놓고는 굿판을 벌였지요. 젊은이는 차려놓은 굿판 음식을 집어 먹고 허기를 면했답니다. 젊은이는 무당이 굿하는 모습이 재미있었는지 계속 장난을 쳤지요. 만일 여러분이 투명인간으로 변한다면 무엇을 제일 하고 싶으세요?

어쨌든 젊은이는 계속 장난을 치다 싫증이 나기 시작했습니다. 그래서 다시 칡넝쿨 동아줄을 타고 땅 위로 나왔지요. 젊은이는 다시 땅 위로 올라와 보통 때처럼 지냈답니다. 한참을 지내다 갑자기 땅속이 궁금해져서 구멍으로 갔어요. 그런데 땅속으로 내려가는 구멍이 어디론가 사라지고 없어졌더랍니다. 아무리 산속을 뒤지고 땅을 파 보아도 찾지 못했지요. 땅속으로 내려가는 구멍을 찾으러 여러분도 산속으로 가 보실래요?

읽기유창성 점수: ____________

▶ 사전평가와 사후평가의 지문은 학지사 홈페이지(http://www.hakjisa.co.kr)에서 내려받을 수 있습니다.

1 단어를 빠르고 정확하게 읽기

다음 단어를 바르게 읽어 봅시다

헛디뎌	뚫리면서
훤히	난리가
북적였답니다	반응이
투명인간이	차려놓고는
없어졌더랍니다	굿판을
허기를	면했답니다

▶ 이 페이지의 내용은 복사하거나 학지사 홈페이지(http://www.hakjisa.co.kr)에서 내려받아 사용하세요!

다음 단어들을 빠르고 정확하게 읽어 봅시다

헛디뎌	뚫리면서	훤히	난리가	북적였답니다
반응이	투명인간이	차려놓고는	굿판을	허기를
면했답니다	없어졌더랍니다	헛디뎌	뚫리면서	훤히
난리가	북적였답니다	반응이	투명인간이	차려놓고는
굿판을	허기를	면했답니다	없어졌더랍니다	헛디뎌
뚫리면서	훤히	난리가	북적였답니다	반응이
투명인간이	차려놓고는	굿판을	허기를	면했답니다
없어졌더랍니다	헛디뎌	뚫리면서	훤히	난리가
북적였답니다	반응이	투명인간이	차려놓고는	굿판을
허기를	면했답니다	없어졌더랍니다	헛디뎌	뚫리면서
훤히	난리가	북적였답니다	반응이	투명인간이

2 어휘의 뜻 알아보기

다음 단어를 알아봅시다

예시문을 읽고, 내가 생각하는 단어의 뜻을 써 봅시다.

____

올바른 단어의 뜻을 써 봅시다.

____

정의

비슷한 말

- ______
- ______
- ______

뚫리다

예시문 한참을 파니까 갑자기 구멍이 뚫리면서 안이 훤히 보이더랍니다.

반대말

- ______
- ______
- ______

문장 만들기

비슷한 말을 넣어서 문장을 완성해 봅시다.

한참을 파니까 갑자기 구멍이 ______________ 안이 훤히 보이더랍니다.

새로운 문장을 만들어 써 봅시다.

____

도전문제

화장실 변기가 막혔을 때 뚫려면 어떻게 해야 하나요?

____

____

예시문을 읽고, 내가 생각하는 단어의 뜻을 써 봅시다.

올바른 단어의 뜻을 써 봅시다.

정의

헛디디다

예시문 하루는 산길을 내려오다 비탈길에서 발을 헛디뎌 굴러 떨어졌어요.

문장 만들기

새로운 문장을 만들어 써 봅시다.

도전문제

발을 헛디디면 어떤 일이 생기나요?

예시문을 읽고, 내가 생각하는 단어의 뜻을 써 봅시다.

올바른 단어의 뜻을 써 봅시다.

정의

북적이다

예시문 마을에는 농사짓는 사람들도 있고, 시장은 많은 사람들로 북적였답니다.

문장 만들기

새로운 문장을 만들어 써 봅시다.

도전문제

어떤 일이 있을 때 사람들이 북적이나요?

예시문을 읽고, 내가 생각하는 단어의 뜻을 써 봅시다.

올바른 단어의 뜻을 써 봅시다.

정의

허기

예시문 젊은이는 차려놓은 굿판 음식을 집어 먹고 허기를 면했답니다.

비슷한 말

-
-
-

문장 만들기

비슷한 말을 넣어서 문장을 완성해 봅시다.

젊은이는 차려놓은 굿판 음식을 집어 먹고 ____________ 를 면했답니다.

새로운 문장을 만들어 써 봅시다.

도전문제

언제 허기가 지나요?

예시문을 읽고, 내가 생각하는 단어의 뜻을 써 봅시다.

올바른 단어의 뜻을 써 봅시다.

정의

싫증

예시문 어쨌든 젊은이는 계속 장난을 치다 싫증이 나기 시작했습니다.

비슷한 말

-
-
-

문장 만들기

비슷한 말을 넣어서 문장을 완성해 봅시다.

어쨌든 젊은이는 계속 장난을 치다 ______________ 이 나기 시작했습니다.

새로운 문장을 만들어 써 봅시다.

도전문제

언제 싫증이 나나요? 무언가를 하다가 싫증이 난 적이 있나요?

다음 보기의 단어 중, 문장에 알맞은 단어를 써 봅시다.

보기

싫증, 헛디뎌, 허기, 북적였다

1 | 예솔이는 계단을 내려가다 발을 ________ 다리를 다쳤다.

2 | 경복궁은 외국인 관광객들로 ________.

3 | 준택이는 주먹밥으로 ________를 채웠다.

4 | 같은 게임을 계속하니 ________이 났습니다.

3 어구를 빠르고 정확하게 읽기

다음 어구를 바르게 읽어 봅시다

그런데 정신을 차리고 보니

둘레에 있는 칡넝쿨을 꼬아서

아는 체를 안 했답니다

차려놓은 굿판 음식을 집어 먹고

싫증이 나기 시작했습니다

땅속으로 내려가는 구멍을 찾으러

평평한 곳에 이르러서야 멈춰서

또 다른 사람 사는 세상이

땅 위 세상하고 다른 게

말을 거는 사람도

무당이 굿하는 모습이 재미있었는지

칡넝쿨 동아줄을 타고

▶ 이 페이지의 내용은 복사하거나 학지사 홈페이지(http://www.hakjisa.co.kr)에서 내려받아 사용하세요!

다음 어구/절들을 빠르고 정확하게 읽어 봅시다

평평한 곳에 이르러서야 멈춰서	그런데 정신을 차리고 보니	또 다른 사람 사는 세상이
둘레에 있는 칡넝쿨을 꼬아서	땅 위 세상하고 다른 게	아는 체를 안 했답니다
말을 거는 사람도	차려놓은 굿판 음식을 집어 먹고	무당이 굿하는 모습이 재미있었는지
싫증이 나기 시작했습니다	칡넝쿨 동아줄을 타고	땅속으로 내려가는 구멍을 찾으러
평평한 곳에 이르러서야 멈춰서	그런데 정신을 차리고 보니	또 다른 사람 사는 세상이
둘레에 있는 칡넝쿨을 꼬아서	땅 위 세상하고 다른 게	아는 체를 안 했답니다
말을 거는 사람도	차려놓은 굿판 음식을 집어 먹고	무당이 굿하는 모습이 재미있었는지
싫증이 나기 시작했습니다	칡넝쿨 동아줄을 타고	땅속으로 내려가는 구멍을 찾으러
평평한 곳에 이르러서야 멈춰서	그런데 정신을 차리고 보니	또 다른 사람 사는 세상이
둘레에 있는 칡넝쿨을 꼬아서	땅 위 세상하고 다른 게	아는 체를 안 했답니다
말을 거는 사람도	차려놓은 굿판 음식을 집어 먹고	무당이 굿하는 모습이 재미있었는지
싫증이 나기 시작했습니다	칡넝쿨 동아줄을 타고	땅속으로 내려가는 구멍을 찾으러
평평한 곳에 이르러서야 멈춰서	그런데 정신을 차리고 보니	또 다른 사람 사는 세상이
둘레에 있는 칡넝쿨을 꼬아서	땅 위 세상하고 다른 게	아는 체를 안 했답니다
말을 거는 사람도	차려놓은 굿판 음식을 집어 먹고	무당이 굿하는 모습이 재미있었는지
싫증이 나기 시작했습니다	칡넝쿨 동아줄을 타고	땅속으로 내려가는 구멍을 찾으러
평평한 곳에 이르러서야 멈춰서	그런데 정신을 차리고 보니	또 다른 사람 사는 세상이
둘레에 있는 칡넝쿨을 꼬아서	땅 위 세상하고 다른 게	아는 체를 안 했답니다
말을 거는 사람도	차려놓은 굿판 음식을 집어 먹고	무당이 굿하는 모습이 재미있었는지

▶ 이 페이지의 내용은 복사하거나 학지사 홈페이지(http://www.hakjisa.co.kr)에서 내려받아 사용하세요!

4 글을 빠르고 정확하게 읽기

다음 글을 / 표시된 곳에서 끊어 읽어 봅시다. 읽을 때 빠르고 정확하게 읽도록 합시다

옛날 옛적 / 어느 산골 마을에 / 한 젊은이가 / 살았습니다. / 하루는 / 산길을 내려오다 / 비탈길에서 발을 헛디뎌 / 굴러 떨어졌어요. / 떼굴떼굴 굴러가다 / 평평한 곳에 이르러서야 멈춰서 / 정신을 차렸습니다. /

그런데 정신을 차리고 보니 / 땅속에서 소리가 들리더랍니다. / 귀를 땅에 대고 들어 보았더니 / 별소리가 다 들렸지요. / 닭 우는 소리도 들리고, / 개 짖는 소리도 들렸답니다. / 아니 그뿐만 아니라 / 사람들끼리 / 싸우는 소리도 들렸습니다. /

하도 이상해서 / 젊은이는 / 손으로 / 땅을 파기 시작했습니다. / 한참을 파니까 / 갑자기 구멍이 뚫리면서 / 안이 / 훤히 보이더랍니다. / 그 안에는 / 또 다른 사람 사는 세상이 / 있었지요. /

집들도 많고, / 산도 있고, / 강도 흐르고 있었지요. / 젊은이는 / 하도 신기해서 / 입김을 후 불어 봤습니다. / 그랬더니 / 땅속 사람들이 / 큰 바람이 분다고 / 난리가 났어요. / 이번에는 그 구멍에다 대고 / 오줌을 눠 봤어요. / 그랬더니 / 땅속 사람들이 / 비가 온다고 / 난리가 났답니다. /

젊은이는 / 너무 웃기고 재미있어서 / 그 구멍 속으로 내려갔습니다. / 둘레에 있는 칡넝쿨을 꼬아서 / 동아줄을 만들어 / 타고 내려갔지요. / 내려가니 / 땅 위 세상하고 다른 게 / 하나도 없었어요. / 마을에는 / 농사짓는 사람들도 있고, / 시장은 / 많은 사람들로 북적였답니다. /

그런데 이상하게도 / 사람들이 / 젊은이를 보고 / 아는 체를 안 했답니다. / 젊은이를 쳐다보는 사람도 / 없고, / 젊은이에게 말을 거는 사람도 / 없었지요. / 구경을 하다 / 배가 고파 / 밥을 달래도 / 반응이 없었어요. / 땅속 사람들에게는 / 젊은이가 보이지도 않고 / 말소리도 들리지 않았습니다. / 그러니 젊은이는 / 한마디로 / 투명인간이 되어 버린 거지요. /

지치고 배도 고프니 / 젊은이가 / 심통이 나서 / 장난을 쳤습니다. / 아무 집에나 들어가 / 문도 열었다 닫고 / 사람도 툭 쳤지요. / 그랬더니 / 그 집에 / 귀신이 들었다고 / 사람들이 /

난리가 났어요. / 용하다는 무당을 부르고 / 상을 차려놓고는 / 굿판을 벌였지요. / 젊은이는 / 차려놓은 굿판 음식을 집어 먹고 / 허기를 면했답니다. / 젊은이는 / 무당이 굿하는 모습이 재미있었는지 / 계속 장난을 쳤지요. / 만일 여러분이 투명인간으로 변한다면 / 무엇을 제일 하고 싶으세요? /

어쨌든 / 젊은이는 / 계속 장난을 치다 / 싫증이 나기 시작했습니다. / 그래서 / 다시 / 칡넝쿨 동아줄을 타고 / 땅 위로 나왔지요. / 젊은이는 / 다시 땅 위로 올라와 / 보통 때처럼 지냈답니다. / 한참을 지내다 / 갑자기 땅속이 궁금해져서 / 구멍으로 갔어요. / 그런데 / 땅속으로 내려가는 구멍이 / 어디론가 사라지고 없어졌더랍니다. / 아무리 산속을 뒤지고 / 땅을 파 보아도 / 찾지 못했지요. / 땅속으로 내려가는 구멍을 찾으러 / 여러분도 / 산속으로 가 보실래요? /

6 이야기 지도 사용하여 글 읽고 이해하기: 인물, 시장, 사건, 끝을 기억하며 글의 내용 파악하기

'이야기 지도(인물, 시장, 사건, 끝)'를 사용하여 글의 내용을 파악해 봅시다

신기한 땅속 세상 이야기

옛날 옛적 어느 산골 마을에 한 젊은이가 살았습니다. 하루는 산길을 내려오다 비탈길에서 발을 헛디뎌 굴러 떨어졌어요. 떼굴떼굴 굴러가다 평평한 곳에 이르러서야 멈춰서 정신을 차렸습니다.

그런데 정신을 차리고 보니 땅속에서 소리가 들리더랍니다. 귀를 땅에 대고 들어 보았더니 별소리가 다 들렸지요. 닭 우는 소리도 들리고, 개 짖는 소리도 들렸답니다. 아니 그뿐만 아니라 사람들끼리 싸우는 소리도 들렸습니다.

하도 이상해서 젊은이는 손으로 땅을 파기 시작했습니다. 한참을 파니까 갑자기 구멍이 뚫리면서 안이 훤히 보이더랍니다. 그 안에는 또 다른 사람 사는 세상이 있었지요.

집들도 많고, 산도 있고, 강도 흐르고 있었지요. 젊은이는 하도 신기해서 입김을 후 불어 봤습니다. 그랬더니 땅속 사람들이 큰 바람이 분다고 난리가 났어요. 이번에는 그 구멍에다 대고 오줌을 눠 봤어요. 그랬더니 땅속 사람들이 비가 온다고 난리가 났답니다.

젊은이는 너무 웃기고 재미있어서 그 구멍 속으로 내려갔습니다. 둘레에 있는 칡넝쿨을 꼬아서 동아줄을 만들어 타고 내려갔지요. 내려가니 땅 위 세상하고 다른 게 하나도 없었어요. 마을에는 농사짓는 사람들도 있고, 시장은 많은 사람들로 북적였답니다.

그런데 이상하게도 사람들이 젊은이를 보고 아는 체를 안 했답니다. 젊은이를 쳐다보는 사람도 없고, 젊은이에게 말을 거는 사람도 없었지요. 구경을 하다 배가 고파 밥을

달래도 반응이 없었어요. 땅속 사람들에게는 젊은이가 보이지도 않고 말소리도 들리지 않았습니다. 그러니 젊은이는 한마디로 투명인간이 되어 버린 거지요.

지치고 배도 고프니 젊은이가 심통이 나서 장난을 쳤습니다. 아무 집에나 들어가 문도 열었다 닫고 사람도 툭 쳤지요. 그랬더니 그 집에 귀신이 들었다고 사람들이 난리가 났어요. 용하다는 무당을 부르고 상을 차려놓고는 굿판을 벌였지요. 젊은이는 차려놓은 굿판 음식을 집어 먹고 허기를 면했답니다. 젊은이는 무당이 굿하는 모습이 재미있었는지 계속 장난을 쳤지요. 만일 여러분이 투명인간으로 변한다면 무엇을 제일 하고 싶으세요?

어쨌든 젊은이는 계속 장난을 치다 싫증이 나기 시작했습니다. 그래서 다시 칡넝쿨 동아줄을 타고 땅 위로 나왔지요. 젊은이는 다시 땅 위로 올라와 보통 때처럼 지냈답니다. 한참을 지내다 갑자기 땅속이 궁금해져서 구멍으로 갔어요. 그런데 땅속으로 내려가는 구멍이 어디론가 사라지고 없어졌더랍니다. 아무리 산속을 뒤지고 땅을 파 보아도 찾지 못했지요. 땅속으로 내려가는 구멍을 찾으러 여러분도 산속으로 가 보실래요?

제목: 신기한 땅속 세상 이야기

1 인물 이야기에 등장하는 인물은 누구인가요?

2 시간과 장소 언제, 어디에서 일어난 이야기인가요?

시간:

장소:

3 사건들 인물에게 어떤 일들이 일어났나요? 일이 어떠한 차례로 일어났나요?

4 끝 이야기가 어떻게 끝났나요?

7 글의 주제 알기

글의 주제를 알아봅시다

글의 주제는 글쓴이가 읽는 이에게 말하고자 하는 생각 또는 의견입니다. 글의 주제는 '~하자. 해야 한다' 또는 '~하지 말자. 하지 말아야 한다'로 만들 수 있습니다.

'신기한 땅속 세상 이야기'를 읽고, 글의 주제를 써 봅시다.

읽기유창성

지시문

앞에 있는 종이에 글이 있어요. 이제 선생님이 "시작"이라고 하면(학생용 평가지의 첫 어절을 손가락으로 가리킨 후, 계속 훑으면서) 처음부터 읽기 시작해서 "그만"이라고 할 때까지 최대한 정확하게, 그리고 최대한 빨리 읽으세요. 글을 읽다가 모르는 글자가 나오면 선생님이 어떻게 해야 할지 알려 줄게요. 최선을 다하세요. 질문 있어요? (질문이 있으면 질문에 대답한다.) 준비, 시작. (학생이 첫 어절을 말함과 동시에 타이머를 누르고 1분간 학생의 반응을 기록한 뒤 1분이 지나면 "그만"이라고 말한다.)

옛날 옛적 어느 산골 마을에 한 젊은이가 살았습니다. 하루는 산길을 내려오다 비탈길에서 발을 헛디뎌 굴러 떨어졌어요. 떼굴떼굴 굴러가다 평평한 곳에 이르러서야 멈춰서 정신을 차렸습니다.

그런데 정신을 차리고 보니 땅속에서 소리가 들리더랍니다. 귀를 땅에 대고 들어 보았더니 별소리가 다 들렸지요. 닭 우는 소리도 들리고, 개 짖는 소리도 들렸답니다. 아니 그뿐만 아니라 사람들끼리 싸우는 소리도 들렸습니다.

하도 이상해서 젊은이는 손으로 땅을 파기 시작했습니다. 한참을 파니까 갑자기 구멍이 뚫리면서 안이 훤히 보이더랍니다. 그 안에는 또 다른 사람 사는 세상이 있었지요.

집들도 많고, 산도 있고, 강도 흐르고 있었지요. 젊은이는 하도 신기해서 입김을 후 불어 봤습니다. 그랬더니 땅속 사람들이 큰 바람이 분다고 난리가 났어요. 이번에는 그 구멍에다 대고 오줌을 눠 봤어요. 그랬더니 땅속 사람들이 비가 온다고 난리가 났답니다.

젊은이는 너무 웃기고 재미있어서 그 구멍 속으로 내려갔습니다. 둘레에 있는 칡넝쿨을 꼬아서 동아줄을 만들어 타고 내려갔지요. 내려가니 땅 위 세상하고 다른 게 하나도 없었어요. 마을에는 농사짓는 사람들도 있고, 시장은 많은 사람들로 북적였답니다.

그런데 이상하게도 사람들이 젊은이를 보고 아는 체를 안 했답니다. 젊은이를 쳐다보는 사람도 없고, 젊은이에게 말을 거는 사람도 없었지요. 구경을 하다 배가 고파 밥을 달래도 반응이 없었어요. 땅속 사람들에게는 젊은이가 보이지도 않고 말소리도 들리지 않았습니다. 그러니 젊은이는 한마디로 투명인간이 되어 버린 거지요.

지치고 배도 고프니 젊은이가 심통이 나서 장난을 쳤습니다. 아무 집에나 들어가 문도 열었다 닫고 사람도 툭 쳤지요. 그랬더니 그 집에 귀신이 들었다고 사람들이 난리가 났어요. 용하다는 무당을 부르고 상을 차려놓고는 굿판을 벌였지요. 젊은이는 차려놓은 굿판 음식을 집어 먹고 허기를 면했답니다. 젊은이는 무당이 굿하는 모습이 재미있었는지 계속 장난을 쳤지요. 만일 여러분이 투명인간으로 변한다면 무엇을 제일 하고 싶으세요?

어쨌든 젊은이는 계속 장난을 치다 싫증이 나기 시작했습니다. 그래서 다시 칡넝쿨 동아줄을 타고 땅 위로 나왔지요. 젊은이는 다시 땅 위로 올라와 보통 때처럼 지냈답니다. 한참을 지내다 갑자기 땅속이 궁금해져서 구멍으로 갔어요. 그런데 땅속으로 내려가는 구멍이 어디론가 사라지고 없어졌더랍니다. 아무리 산속을 뒤지고 땅을 파 보아도 찾지 못했지요. 땅속으로 내려가는 구멍을 찾으러 여러분도 산속으로 가 보실래요?

읽기유창성 점수: ____________

▶ 사전평가와 사후평가의 지문은 학지사 홈페이지(http://www.hakjisa.co.kr)에서 내려받을 수 있습니다.

읽기이해

다음 질문에 최대한 자세히 답을 써 주세요.

(※ 쓰는 것이 어려운 학생의 경우, 구두로 답하도록 하세요.)

1 이야기에 나오는 중심인물은 누구인가요?

2 언제, 어디에서 있었던 일인가요?

1) 언제:

2) 어디서:

3 젊은이가 손으로 땅을 판 까닭은 무엇일까요?

4 땅속 사람들이 왜 젊은이를 보고 아는 척하지 않았나요?

5 젊은이가 장난을 치자 땅속 사람들이 어떻게 하였나요?

6 젊은이가 다시 구멍에 갔을 때 어떤 일이 일어났나요?

7 젊은이가 또 다시 땅속에 들어갔더라면 무엇을 했을 것 같나요? 그것을 어떻게 알 수 있는지 글에서 찾아 써 보세요.

1) 무엇을 했을 것 같나요?

2) 그것을 어떻게 알 수 있나요?

4. 청개구리 점쟁이

학 ◇ 습 ◇ 목 ◇ 표

- 글을 읽을 때, 적당한 부분에서 글을 빠르고 정확하게 끊어 읽을 수 있다.
- 글을 읽고, 글의 중심내용과 글의 주제를 파악할 수 있다.

사 ◇ 전 ◇ 평 ◇ 가

지시문

앞에 있는 종이에 글이 있어요. 이제 선생님이 "시작"이라고 하면(학생용 평가지의 첫 어절을 손가락으로 가리킨 후, 계속 훑으면서) 처음부터 읽기 시작해서 "그만"이라고 할 때까지 최대한 정확하게, 그리고 최대한 빨리 읽으세요. 글을 읽다가 모르는 글자가 나오면 선생님이 어떻게 해야 할지 알려 줄게요. 최선을 다하세요. 질문 있어요? (질문이 있으면 질문에 대답한다.) 준비, 시작. (학생이 첫 어절을 말함과 동시에 타이머를 누르고 1분간 학생의 반응을 기록한 뒤 1분이 지나면 "그만"이라고 말한다.)

옛날 옛적에 어느 마을에 청개구리라는 이름을 가진 아이가 살았어. 겉모습은 멀쩡한데 미련해서 할 수 있는 일이 하나도 없었지. 갓난아기 때부터 밥 먹다가 똥 싸던 것이 열일곱이 되도록 바뀌지 않아. 그러니 그 아이의 어머니가 그만 견디다 못해 청개구리를 내쫓았지.

"이놈의 자식아, 당장 집 밖을 나가 돈이나 벌어라!"

이렇게 청개구리는 집에서 쫓겨났지만 무슨 일을 할 수 있겠어. 워낙 미련퉁이라서 그냥 길가에 우두커니 서 있기만 했지. 하루 종일 멍하니 서 있는데 누군가 청개구리를 보더니 소리쳤어.

"네가 바로 그 용하다는 점쟁이가 틀림이 없구나. 어서 가자."

청개구리는 영문도 모르고 끌려가듯이 그 사람의 집에 들어갔지. 알고 보니 그 집에서 큰돈을 잃어버려서 점쟁이를 찾았어. 용하다는 점쟁이를 찾아다니다 청개구리를 점쟁이로 안 거야. 그렇게 엉뚱하게 끌려 들어가 보니 마당에 멍석을 깔고 음식을 차려 놨지. 청개구리가 멍석 위에 앉긴 앉았는데 뭘 알아야 점을 치지 않겠어. 아무것도 모르니까 그냥 눈앞에 보이는 대로 중얼거렸지.

"얼기설기 백설기, 무럭무럭 김무럭."

마침 눈앞에 백설기가 얼기설기 잔뜩 있고, 김이 무럭무럭 올라왔거든. 다른 건 할 수 있는 게 없으니까 계속 그 말만 했어.

"얼기설기 백설기, 무럭무럭 김무럭."

그런데 돈을 훔쳐 간 도둑이 마침 그 자리에 왔던 거야. 도둑이 둘이었는데, 그 이름이 하나는 백설기고 다른 하나는 김무럭이야. 이 도둑들이 들어 보니까 다른 말이 아니라 자기들 이름을 부르고 있으니까 가슴이 뜨끔한 거야.

'아이쿠, 저 용한 점쟁이가 우리 이름을 벌써 알아 버렸구나. 돈을 가지고 여기에 있다가는 바로 잡혀서 호되게 혼나겠구나.'

이렇게 생각하고는 훔쳤던 돈을 집어던지고 걸음아 날 살려라 하고 도망을 쳤지. 잃어버렸던 돈이 눈앞에 나타나니 돈 주인이 좋아서 청개구리에게 반을 주었어. 청개구리는 많은 돈을 만지작거리며 기분 좋게 집으로 향했지. 그런데 이번에는 난데없는 산적 떼가 나타나 청개구리의 길을 막고 섰어.

"네가 바로 그 용하다는 점쟁이렷다. 이 주먹 안에 들어 있는 게 무엇인지 당장 알아맞혀라. 만약에 알아맞히지 못한다면 너는 살아 돌아가지 못할 것이다."

청개구리가 점을 잘 친다는 소문이 쫙 퍼졌던 거야. 청개구리가 이제는 죽었다 생각하니까 눈앞이 깜깜해져서 이렇게 중얼거렸어.

"아이고 어찌해야 하나, 이제는 꼼짝없이 청개구리가 죽게 생겼구나."

아니 그런데 산적 두목이 손을 펴며 잘 맞혔다고 하는 거야. 손바닥 안을 보니 거기에 청개구리 한 마리가 있지 뭐야. 청개구리를 손안에 꼭 쥐고 있었으니 죽게 생겼다는 말도 맞힌 거잖아. 그렇게 청개구리는 점을 잘 치고 무사히 집으로 돌아와 잘 살았단다.

읽기유창성 점수: ____________

▶ 사전평가와 사후평가의 지문은 학지사 홈페이지(http://www.hakjisa.co.kr)에서 내려받을 수 있습니다.

1 단어를 빠르고 정확하게 읽기

다음 단어를 바르게 읽어 봅시다

미련해서	내쫓았지
쫓겨났지만	점쟁이가
잃어버려서	중얼거렸지
잡혀서	만지작거리며
난데없는	알아맞혀라
맞혔다고	맞힌

▶ 이 페이지의 내용은 복사하거나 학지사 홈페이지(http://www.hakjisa.co.kr)에서 내려받아 사용하세요!

다음 단어들을 빠르고 정확하게 읽어 봅시다

미련해서	내쫓았지	쫓겨났지만	점쟁이가	잃어버려서
중얼거렸지	잡혀서	만지작거리며	난데없는	알아맞혀라
맞혔다고	맞힌	미련해서	내쫓았지	쫓겨났지만
점쟁이가	잃어버려서	중얼거렸지	잡혀서	만지작거리며
난데없는	알아맞혀라	맞혔다고	맞힌	미련해서
내쫓았지	쫓겨났지만	점쟁이가	잃어버려서	중얼거렸지
잡혀서	만지작거리며	난데없는	알아맞혀라	맞혔다고
맞힌	미련해서	내쫓았지	쫓겨났지만	점쟁이가
잃어버려서	중얼거렸지	잡혀서	만지작거리며	난데없는
알아맞혀라	맞혔다고	맞힌	미련해서	내쫓았지
쫓겨났지만	점쟁이가	잃어버려서	중얼거렸지	잡혀서

▶ 이 페이지의 내용은 복사하거나 학지사 홈페이지(http://www.hakjisa.co.kr)에서 내려받아 사용하세요!

2 어휘의 뜻 알아보기

다음 단어를 알아봅시다

예시문을 읽고, 내가 생각하는 단어의 뜻을 써 봅시다.

____

올바른 단어의 뜻을 써 봅시다.

____

정의

미련하다

예시문 겉모습은 멀쩡한데 미련해서 할 수 있는 일이 하나도 없었지.

비슷한 말

- ____________________
- ____________________
- ____________________

문장 만들기

비슷한 말을 넣어서 문장을 완성해 봅시다.

겉모습은 멀쩡한데 ____________ 할 수 있는 일이 하나도 없었지.

새로운 문장을 만들어 써 봅시다.

____

도전문제

미련하게 행동한 적이 있나요? 언제 그런 행동을 했었나요?

____

____

예시문을 읽고, 내가 생각하는 단어의 뜻을 써 봅시다.

올바른 단어의 뜻을 써 봅시다.

정의

비슷한 말

-
-
-

용하다

예시문 "네가 바로 그 용하다는 점쟁이가 틀림이 없구나. 어서 가자."

반대말

-
-
-

문장 만들기

비슷한 말을 넣어서 문장을 완성해 봅시다.

"네가 바로 그 ________ 점쟁이가 틀림이 없구나. 어서 가자."

새로운 문장을 만들어 써 봅시다.

도전문제

'용한 의사 선생님'이라는 말을 들어 본 적이 있나요? 어떤 의사 선생님이 용한 의사 선생님일까요?

예시문을 읽고, 내가 생각하는 단어의 뜻을 써 봅시다.

올바른 단어의 뜻을 써 봅시다.

정의

비슷한 말

-
-
-

엉뚱하다

예시문 그렇게 엉뚱하게 끌려 들어가 보니 마당에 멍석을 깔고 음식을 차려 놨지.

반대말

-
-
-

문장 만들기

비슷한 말을 넣어서 문장을 완성해 봅시다.

그렇게 ________ 끌려 들어가 보니 마당에 멍석을 깔고 음식을 차려 놨지.

새로운 문장을 만들어 써 봅시다.

도전문제

나에게는 엉뚱한 친구가 있나요? 왜 그 친구가 엉뚱하다고 생각하나요?

예시문을 읽고, 내가 생각하는 단어의 뜻을 써 봅시다.

____

올바른 단어의 뜻을 써 봅시다.

____

정의

난데없다

예시문 그런데 이번에는 난데없는 산적 떼가 나타나 청개구리의 길을 막고 섰어.

비슷한 말

- ______________
- ______________
- ______________

문장 만들기

비슷한 말을 넣어서 문장을 완성해 봅시다.

그런데 이번에는 ______________ 산적 떼가 나타나 청개구리의 길을 막고 섰어.

새로운 문장을 만들어 써 봅시다.

____

도전문제

'난데없다'와 관련 있는 말에 모두 동그라미 치세요.

보기

갑작스럽다, 갑자기 불쑥 나타나다, 거의 없다

예시문을 읽고, 내가 생각하는 단어의 뜻을 써 봅시다.

올바른 단어의 뜻을 써 봅시다.

정의

비슷한 말

-
-
-

영문

예시문 청개구리는 영문도 모르고 끌려가듯이 그 사람의 집에 들어갔지.

문장 만들기

비슷한 말을 넣어서 문장을 완성해 봅시다.

청개구리는 __________ 도 모르고 끌려가듯이 그 사람의 집에 들어갔지.

새로운 문장을 만들어 써 봅시다.

도전문제

문장에 맞게 단어가 사용되었는지 생각해 봅시다.

◆ 영희는 철수가 화가 난 영문을 몰라 아무 말도 할 수 없었다.

예( ) 아니요 ( ) 왜 그렇다고 생각하나요?

◆ 그 친구는 어찌된 영문인지 한 달 동안 결석을 하였다.

예( ) 아니요 ( ) 왜 그렇다고 생각하나요?

예시문을 읽고, 내가 생각하는 단어의 뜻을 써 봅시다.

____

올바른 단어의 뜻을 써 봅시다.

____

정의

훔치다

예시문 그런데 돈을 훔쳐 간 도둑이 마침 그 자리에 왔던 거야.

비슷한 말

- ______
- ______
- ______

문장 만들기

비슷한 말을 넣어서 문장을 완성해 봅시다.

그런데 돈을 ______ 간 도둑이 마침 그 자리에 왔던 거야.

새로운 문장을 만들어 써 봅시다.

____

도전문제

남의 물건을 훔치는 사람은 어떻게 되어야 한다고 생각하나요?

____

____

밑줄 친 단어를 대신할 수 있는 단어를 찾아 동그라미를 표시하세요.

1 그 점쟁이는 재주가 용해서 무엇이든 척척 맞힌다.

1) 신통해서 2) 엉뚱해서 3) 미련해서 4) 어눌해서

2 갑자기 그가 찾아온 영문을 알 수 없다.

1) 영향 2) 소용 3) 정도 4) 까닭

3 아침부터 난데없는 고함 소리에 깜짝 놀라 일어났다.

1) 엉뚱한 2) 신통한 3) 갑작스러운 4) 어눌한

4 일부러 엉뚱한 질문을 해서 수업 시간을 방해했다.

1) 멀쩡한 2) 쌩뚱맞은 3) 뜨끔한 4) 용한

3 어구를 빠르고 정확하게 읽기

다음 어구를 바르게 읽어 봅시다

청개구리라는 이름을 가진 아이가	무슨 일을 할 수 있겠어
바로 그 용하다는 점쟁이가	용하다는 점쟁이를
멍석 위에 앉긴 앉았는데	그냥 눈앞에 보이는 대로
할 수 있는 게 없으니까	이 도둑들이 들어 보니까
자기들 이름을 부르고 있으니까	돈을 가지고 여기에 있다가는
훔쳤던 돈을 집어던지고	만약에 알아맞히지 못한다면
청개구리가 점을 잘 친다는 소문이	이제는 죽었다 생각하니까

▶ 이 페이지의 내용은 복사하거나 학지사 홈페이지(http://www.hakjisa.co.kr)에서 내려받아 사용하세요!

다음 어구/절들을 빠르고 정확하게 읽어 봅시다

청개구리라는 이름을 가진 아이가	무슨 일을 할 수 있겠어	바로 그 용하다는 점쟁이가
용하다는 점쟁이를	멍석 위에 앉긴 앉았는데	그냥 눈앞에 보이는 대로
할 수 있는 게 없으니까	이 도둑들이 들어 보니까	자기들 이름을 부르고 있으니까
돈을 가지고 여기에 있다가는	훔쳤던 돈을 집어던지고	만약에 알아맞히지 못한다면
이제는 죽었다 생각하니까	청개구리가 점을 잘 친다는 소문이	청개구리라는 이름을 가진 아이가
무슨 일을 할 수 있겠어	바로 그 용하다는 점쟁이가	용하다는 점쟁이를
멍석 위에 앉긴 앉았는데	그냥 눈앞에 보이는 대로	할 수 있는 게 없으니까
이 도둑들이 들어 보니까	자기들 이름을 부르고 있으니까	돈을 가지고 여기에 있다가는
훔쳤던 돈을 집어던지고	만약에 알아맞히지 못한다면	이제는 죽었다 생각하니까
청개구리가 점을 잘 친다는 소문이	청개구리라는 이름을 가진 아이가	무슨 일을 할 수 있겠어
바로 그 용하다는 점쟁이가	용하다는 점쟁이를	멍석 위에 앉긴 앉았는데
그냥 눈앞에 보이는 대로	할 수 있는 게 없으니까	이 도둑들이 들어 보니까
자기들 이름을 부르고 있으니까	돈을 가지고 여기에 있다가는	훔쳤던 돈을 집어던지고
만약에 알아맞히지 못한다면	이제는 죽었다 생각하니까	청개구리가 점을 잘 친다는 소문이
청개구리라는 이름을 가진 아이가	무슨 일을 할 수 있겠어	바로 그 용하다는 점쟁이가
용하다는 점쟁이를	멍석 위에 앉긴 앉았는데	그냥 눈앞에 보이는 대로
할 수 있는 게 없으니까	이 도둑들이 들어 보니까	자기들 이름을 부르고 있으니까
돈을 가지고 여기에 있다가는	훔쳤던 돈을 집어던지고	만약에 알아맞히지 못한다면
이제는 죽었다 생각하니까	청개구리가 점을 잘 친다는 소문이	청개구리라는 이름을 가진 아이가

▶ 이 페이지의 내용은 복사하거나 학지사 홈페이지(http://www.hakjisa.co.kr)에서 내려받아 사용하세요!

4 글을 빠르고 정확하게 읽기

다음 글을 / 표시된 곳에서 끊어 읽어 봅시다. 읽을 때 빠르고 정확하게 읽도록 합시다

옛날 옛적에 / 어느 마을에 / 청개구리라는 이름을 가진 아이가 / 살았어. / 겉모습은 멀쩡한데 / 미련해서 / 할 수 있는 일이 / 하나도 없었지. / 갓난아기 때부터 / 밥 먹다가 똥 싸던 것이 / 열일곱이 되도록 / 바뀌지 않아. / 그러니 / 그 아이의 어머니가 / 그만 견디다 못해 / 청개구리를 내쫓았지. /

"이놈의 자식아, / 당장 집 밖을 나가 / 돈이나 벌어라!" /

이렇게 / 청개구리는 / 집에서 쫓겨났지만 / 무슨 일을 할 수 있겠어. / 워낙 미련퉁이라서 / 그냥 길가에 / 우두커니 / 서 있기만 했지. / 하루 종일 / 멍하니 서 있는데 / 누군가 / 청개구리를 보더니 / 소리쳤어. /

"네가 / 바로 그 용하다는 점쟁이가 / 틀림이 없구나. / 어서 가자." /

청개구리는 / 영문도 모르고 / 끌려가듯이 / 그 사람의 집에 들어갔지. / 알고 보니 / 그 집에서 / 큰돈을 잃어버려서 / 점쟁이를 찾았어. / 용하다는 점쟁이를 찾아다니다 / 청개구리를 점쟁이로 안 거야. / 그렇게 엉뚱하게 끌려 들어가 보니 / 마당에 멍석을 깔고 / 음식을 차려 놨지. / 청개구리가 / 멍석 위에 앉긴 앉았는데 / 뭘 알아야 / 점을 치지 않겠어. / 아무것도 모르니까 / 그냥 눈앞에 보이는 대로 / 중얼거렸지. /

"얼기설기 백설기, / 무럭무럭 김무럭." /

마침 눈앞에 / 백설기가 / 얼기설기 잔뜩 있고, / 김이 / 무럭무럭 올라왔거든. / 다른 건 할 수 있는 게 없으니까 / 계속 그 말만 했어. /

"얼기설기 백설기, / 무럭무럭 김무럭." /

그런데 / 돈을 훔쳐 간 도둑이 / 마침 / 그 자리에 왔던 거야, / 도둑이 둘이었는데, / 그 이름이 / 하나는 백설기고 / 다른 하나는 김무럭이야. / 이 도둑들이 / 들어 보니까 / 다른 말이 아니라 / 자기들 이름을 부르고 있으니까 / 가슴이 뜨끔한 거야. /

'아이쿠, / 저 용한 점쟁이가 / 우리 이름을 벌써 알아 버렸구나. / 돈을 가지고 여기에 있다가는 / 바로 잡혀서 / 호되게 혼나겠구나.' /

이렇게 생각하고는 / 훔쳤던 돈을 집어던지고 / 걸음아 날 살려라 하고 / 도망을 쳤지. / 잃어버렸던 돈이 / 눈앞에 나타나니 / 돈 주인이 / 좋아서 / 청개구리에게 반을 주었어. / 청개구리는 / 많은 돈을 만지작거리며 / 기분 좋게 / 집으로 향했지. / 그런데 이번에는 / 난데없는 산적 떼가 / 나타나 / 청개구리의 길을 막고 섰어. /

"네가 / 바로 / 그 용하다는 점쟁이렷다. / 이 주먹 안에 / 들어 있는 게 무엇인지 / 당장 알아맞혀라. / 만약에 알아맞히지 못한다면 / 너는 / 살아 돌아가지 못할 것이다." /

청개구리가 점을 잘 친다는 소문이 / 쫙 퍼졌던 거야. / 청개구리가 / 이제는 죽었다 생각하니까 / 눈앞이 깜깜해져서 / 이렇게 중얼거렸어. /

"아이고 어찌해야 하나, / 이제는 / 꼼짝없이 / 청개구리가 / 죽게 생겼구나." /

아니 그런데 / 산적 두목이 / 손을 펴며 / 잘 맞혔다고 하는 거야. / 손바닥 안을 보니 / 거기에 / 청개구리 한 마리가 / 있지 뭐야. / 청개구리를 손안에 꼭 쥐고 있었으니 / 죽게 생겼다는 말도 / 맞힌 거잖아, / 그렇게 / 청개구리는 / 점을 잘 치고 / 무사히 집으로 돌아와 / 잘 살았단다. /

6 이야기 지도 사용하여 글 읽고 이해하기: 인물, 시장, 사건, 끝을 기억하며 글의 내용 파악하기

'이야기 지도(인물, 시장, 사건, 끝)'를 사용하여 글의 내용을 파악해 봅시다

청개구리 점쟁이

옛날 옛적에 어느 마을에 청개구리라는 이름을 가진 아이가 살았어. 겉모습은 멀쩡한데 미련해서 할 수 있는 일이 하나도 없었지. 갓난아기 때부터 밥 먹다가 똥 싸던 것이 열일곱이 되도록 바뀌지 않아. 그러니 그 아이의 어머니가 그만 견디다 못해 청개구리를 내쫓았지.

"이놈의 자식아, 당장 집 밖을 나가 돈이나 벌어라!"

이렇게 청개구리는 집에서 쫓겨났지만 무슨 일을 할 수 있겠어. 워낙 미련퉁이라서 그냥 길가에 우두커니 서 있기만 했지. 하루 종일 멍하니 서 있는데 누군가 청개구리를 보더니 소리쳤어.

"네가 바로 그 용하다는 점쟁이가 틀림이 없구나. 어서 가자."

청개구리는 영문도 모르고 끌려가듯이 그 사람의 집에 들어갔지. 알고 보니 그 집에서 큰돈을 잃어버려서 점쟁이를 찾았어. 용하다는 점쟁이를 찾아다니다 청개구리를 점쟁이로 안 거야. 그렇게 엉뚱하게 끌려 들어가 보니 마당에 멍석을 깔고 음식을 차려 놨지. 청개구리가 멍석 위에 앉긴 앉았는데 뭘 알아야 점을 치지 않겠어. 아무것도 모르니까 그냥 눈앞에 보이는 대로 중얼거렸지.

"얼기설기 백설기, 무럭무럭 김무럭."

마침 눈앞에 백설기가 얼기설기 잔뜩 있고, 김이 무럭무럭 올라왔거든. 다른 건 할 수 있는 게 없으니까 계속 그 말만 했어.

"얼기설기 백설기, 무럭무럭 김무럭."

그런데 돈을 훔쳐 간 도둑이 마침 그 자리에 왔던 거야. 도둑이 둘이었는데, 그 이름이 하나는 백설기고 다른 하나는 김무럭이야. 이 도둑들이 들어 보니까 다른 말이 아니라 자기들 이름을 부르고 있으니까 가슴이 뜨끔한 거야.

'아이쿠, 저 용한 점쟁이가 우리 이름을 벌써 알아 버렸구나. 돈을 가지고 여기에 있다가는 바로 잡혀서 호되게 혼나겠구나.'

이렇게 생각하고는 훔쳤던 돈을 집어던지고 걸음아 날 살려라 하고 도망을 쳤지. 잃어버렸던 돈이 눈앞에 나타나니 돈 주인이 좋아서 청개구리에게 반을 주었어. 청개구리는 많은 돈을 만지작거리며 기분 좋게 집으로 향했지. 그런데 이번에는 난데없는 산적 떼가 나타나 청개구리의 길을 막고 섰어.

"네가 바로 그 용하다는 점쟁이렷다. 이 주먹 안에 들어 있는 게 무엇인지 당장 알아맞혀라. 만약에 알아맞히지 못한다면 너는 살아 돌아가지 못할 것이다."

청개구리가 점을 잘 친다는 소문이 쫙 퍼졌던 거야. 청개구리가 이제는 죽었다 생각하니까 눈앞이 깜깜해져서 이렇게 중얼거렸어.

"아이고 어찌해야 하나, 이제는 꼼짝없이 청개구리가 죽게 생겼구나."

아니 그런데 산적 두목이 손을 펴며 잘 맞혔다고 하는 거야. 손바닥 안을 보니 거기에 청개구리 한 마리가 있지 뭐야. 청개구리를 손안에 꼭 쥐고 있었으니 죽게 생겼다는 말도 맞힌 거잖아. 그렇게 청개구리는 점을 잘 치고 무사히 집으로 돌아와 잘 살았단다.

제목: 청개구리 점쟁이

1 **인물** 이야기에 등장하는 인물은 누구인가요?

2 **시간과 장소** 언제, 어디에서 일어난 이야기인가요?

시간:

장소:

3 **사건들** 인물에게 어떤 일들이 일어났나요? 일이 어떠한 차례로 일어났나요?

4 **끝** 이야기가 어떻게 끝났나요?

7 글의 주제 알기

글의 주제를 알아봅시다

글의 주제는 글쓴이가 읽는 이에게 말하고자 하는 생각 또는 의견입니다. 글의 주제는 '~하자. 해야 한다' 또는 '~하지 말자. 하지 말아야 한다'로 만들 수 있습니다.

'청개구리 점쟁이'를 읽고, 글의 주제를 써 봅시다.

읽기유창성

지시문

앞에 있는 종이에 글이 있어요. 이제 선생님이 "시작"이라고 하면(학생용 평가지의 첫 어절을 손가락으로 가리킨 후, 계속 훑으면서) 처음부터 읽기 시작해서 "그만"이라고 할 때까지 최대한 정확하게, 그리고 최대한 빨리 읽으세요. 글을 읽다가 모르는 글자가 나오면 선생님이 어떻게 해야 할지 알려 줄게요. 최선을 다하세요. 질문 있어요? (질문이 있으면 질문에 대답한다.) 준비, 시작. (학생이 첫 어절을 말함과 동시에 타이머를 누르고 1분간 학생의 반응을 기록한 뒤 1분이 지나면 "그만"이라고 말한다.)

옛날 옛적에 어느 마을에 청개구리라는 이름을 가진 아이가 살았어. 겉모습은 멀쩡한데 미련해서 할 수 있는 일이 하나도 없었지. 갓난아기 때부터 밥 먹다가 똥 싸던 것이 열일곱이 되도록 바뀌지 않아. 그러니 그 아이의 어머니가 그만 견디다 못해 청개구리를 내쫓았지.

"이놈의 자식아, 당장 집 밖을 나가 돈이나 벌어라!"

이렇게 청개구리는 집에서 쫓겨났지만 무슨 일을 할 수 있겠어. 워낙 미련퉁이라서 그냥 길가에 우두커니 서 있기만 했지. 하루 종일 멍하니 서 있는데 누군가 청개구리를 보더니 소리쳤어.

"네가 바로 그 용하다는 점쟁이가 틀림이 없구나. 어서 가자."

청개구리는 영문도 모르고 끌려가듯이 그 사람의 집에 들어갔지. 알고 보니 그 집에서 큰돈을 잃어버려서 점쟁이를 찾았어. 용하다는 점쟁이를 찾아다니다 청개구리를 점쟁이로 안 거야. 그렇게 엉뚱하게 끌려 들어가 보니 마당에 멍석을 깔고 음식을 차려 놨지. 청개구리가 멍석 위에 앉긴 앉았는데 뭘 알아야 점을 치지 않겠어. 아무것도 모르니까 그냥 눈앞에 보이는 대로 중얼거렸지.

"얼기설기 백설기, 무럭무럭 김무럭."

마침 눈앞에 백설기가 얼기설기 잔뜩 있고, 김이 무럭무럭 올라왔거든. 다른 건 할 수 있는 게 없으니까 계속 그 말만 했어.

"얼기설기 백설기, 무럭무럭 김무럭."

그런데 돈을 훔쳐 간 도둑이 마침 그 자리에 왔던 거야. 도둑이 둘이었는데, 그 이름이 하나는 백설기고 다른 하나는 김무럭이야. 이 도둑들이 들어 보니까 다른 말이 아니라 자기들 이름을 부르고 있으니까 가슴이 뜨끔한 거야.

'아이쿠, 저 용한 점쟁이가 우리 이름을 벌써 알아 버렸구나. 돈을 가지고 여기에 있다가는 바로 잡혀서 호되게 혼나겠구나.'

이렇게 생각하고는 훔쳤던 돈을 집어던지고 걸음아 날 살려라 하고 도망을 쳤지. 잃어버렸던 돈이 눈앞에 나타나니 돈 주인이 좋아서 청개구리에게 반을 주었어. 청개구리는 많은 돈을 만지작거리며 기분 좋게 집으로 향했지. 그런데 이번에는 난데없는 산적 떼가 나타나 청개구리의 길을 막고 섰어.

"네가 바로 그 용하다는 점쟁이렷다. 이 주먹 안에 들어 있는 게 무엇인지 당장 알아맞혀라. 만약에 알아맞히지 못한다면 너는 살아 돌아가지 못할 것이다."

청개구리가 점을 잘 친다는 소문이 쫙 퍼졌던 거야. 청개구리가 이제는 죽었다 생각하니까 눈앞이 깜깜해져서 이렇게 중얼거렸어.

"아이고 어찌해야 하나, 이제는 꼼짝없이 청개구리가 죽게 생겼구나."

아니 그런데 산적 두목이 손을 펴며 잘 맞혔다고 하는 거야. 손바닥 안을 보니 거기에 청개구리 한 마리가 있지 뭐야. 청개구리를 손안에 꼭 쥐고 있었으니 죽게 생겼다는 말도 맞힌 거잖아. 그렇게 청개구리는 점을 잘 치고 무사히 집으로 돌아와 잘 살았단다.

읽기유창성 점수: ______________

▶ 사전평가와 사후평가의 지문은 학지사 홈페이지(http://www.hakjisa.co.kr)에서 내려받을 수 있습니다.

읽기이해

다음 질문에 최대한 자세히 답을 써 주세요.

(※ 쓰는 것이 어려운 학생의 경우, 구두로 답하도록 하세요.)

1 이야기에 등장하는 인물은 누구인가요? 세 사람만 써 보세요.

2 언제, 어디에서 있었던 일인가요?

1) 언제:

2) 어디서:

3 어머니가 청개구리를 내쫒은 까닭은 무엇인가요?

4 어떤 사람이 왜 청개구리를 자기 집으로 끌고 갔나요?

5 청개구리가 어떻게 많은 돈을 벌 수 있었나요?

6 산적 떼에게 잡혀갔을 때 청개구리는 왜 '죽었구나.'라고 생각했나요?

7 청개구리는 어떤 아이라고 생각하나요? 그것을 어떻게 알 수 있는지 글에서 찾아 써 보세요.

1) 어떤 아이라고 생각하나요?

2) 그것을 어떻게 알 수 있나요?

5. 큰아들을 구한 천덕꾸러기 작은아들

학 ◇ 습 ◇ 목 ◇ 표

- 글을 읽을 때, 적당한 부분에서 글을 빠르고 정확하게 끊어 읽을 수 있다.
- 글을 읽고, 글의 중심내용과 글의 주제를 파악할 수 있다.

사 ◇ 전 ◇ 평 ◇ 가

지시문

앞에 있는 종이에 글이 있어요. 이제 선생님이 "시작"이라고 하면(학생용 평가지의 첫 어절을 손가락으로 가리킨 후, 계속 훑으면서) 처음부터 읽기 시작해서 "그만"이라고 할 때까지 최대한 정확하게, 그리고 최대한 빨리 읽으세요. 글을 읽다가 모르는 글자가 나오면 선생님이 어떻게 해야 할지 알려 줄게요. 최선을 다하세요. 질문 있어요? (질문이 있으면 질문에 대답한다.) 준비, 시작. (학생이 첫 어절을 말함과 동시에 타이머를 누르고 1분간 학생의 반응을 기록한 뒤 1분이 지나면 "그만"이라고 말한다.)

옛날 어느 마을에 한 부부가 아들 형제를 두었습니다. 그런데 부부는 이상하게도 큰아들만 귀여워하고 작은아들은 천덕꾸러기로 키웠어요. 큰아들은 고운 옷 입혀 서당에 보내서 글공부를 시켰지요. 하지만 작은아들은 허름한 옷을 입혀 힘든 일만 시켰답니다. 그래서 큰아들은 말도 똑 부러지게 하고 몸가짐도 야무졌답니다. 반대로 작은아들은 말도 잘 못하고 몸가짐도 어눌하고 지저분했지요.

그러던 어느 날 마을에 소문 하나가 쫙 퍼졌습니다. 옆 마을에 사는 정승이 수수께끼 내기를 한다는 거였지요. 그리고 수수께끼에서 답을 맞히면 천 냥을 준다고 했답니다. 만일 못 알아맞히면 반대로 천 냥을 받는다는 거였지요. 아버지는 소문을 듣고 천 냥을 벌고 싶은 욕심이 생겼답니다.

"큰아들아, 내일은 지겨운 글공부 대신 돈 벌러 가자."

이튿날 아버지와 큰아들은 옆 마을 정승 댁에 갔답니다. 수수께끼 내기를 하러 왔다고 하니 정승이 문제를 내었지요.

"우리 집에 오다가 집 앞에 있는 느티나무를 보았느냐?"

"예, 보았습니다."

"그 느티나무의 잎이 모두 몇 개나 되겠는지 알겠느냐?"

수수께끼를 들은 큰아들은 그만 꿀 먹은 벙어리가 되었지요. 이 수수께끼는 누가 들어도 풀 수가 없는 문제였답니다.

"아니, 똑똑한 자네가 왜 답을 말하지 못하는고?"

"잘 모르겠습니다."

"그러면 어쩔 수 없이 돈 천 냥을 내놓아라."

"수수께끼를 풀 거라 생각하고 돈은 미처 가져오지 못했습니다."

"그러면 우리 집에서 삼 년 머슴살이를 해야만 하느니라."

아버지는 꼼짝없이 정승에게 아끼는 큰아들을 머슴으로 보내야만 했지요. 집으로 돌아온 아버지가 큰아들 걱정에 시름시름 앓게 되었습니다. 그러자 옆에서 지켜보던 작은아들이 자기가 수수께끼를 풀겠다고 졸랐답니다. 아버지는 작은아들이 부득부득 졸라서 다시 정승 댁으로 갔지요. 수수께끼 내기를 하러 왔다고 하니 정승이 문제를 내었습니다.

"집 앞에 있는 느티나무의 잎이 몇 개나 되느냐?"

정승이 수수께끼를 내자 작은아들이 골똘히 생각하더니 이렇게 대답했습니다.

"그렇다면 대감 머리카락은 모두 몇 올이나 되는지 아십니까?"

"아니, 이놈아! 내가 그 많은 머리카락이 몇 올인지 어찌 알겠느냐?"

"집 앞의 느티나무는 제가 오늘 처음 본 것입니다. 하지만 대감 머리카락은 한평생 머리에 얹고 다니지 않았습니까? 한평생 머리에 얹고 다니는 머리카락 수도 모르는데, 오늘 본 나뭇잎의 수를 어찌 알겠습니까?"

"네 놈이 나보다 한 수 위로구나, 내가 졌다."

"저는 천 냥 대신에 머슴살이하는 형을 집으로 데려가겠습니다."

이렇게 큰아들을 구한 작은아들은 아버지의 사랑을 받게 되었답니다.

읽기유창성 점수: ____________

▶ 사전평가와 사후평가의 지문은 학지사 홈페이지(http://www.hakjisa.co.kr)에서 내려받을 수 있습니다.

1 단어를 빠르고 정확하게 읽기

다음 단어를 바르게 읽어 봅시다

천덕꾸러기로	입혀
지저분했지요	허름한
맞히면	내놓아라
꼼짝없이	머슴으로
얇게	골똘히
얹고	데려가겠습니다

▶ 이 페이지의 내용은 복사하거나 학지사 홈페이지(http://www.hakjisa.co.kr)에서 내려받아 사용하세요!

다음 단어들을 빠르고 정확하게 읽어 봅시다

천덕꾸러기로	입혀	허름한	지저분했지요	맞히면
내놓아라	꼼짝없이	머슴으로	앓게	골똘히
얹고	데려가겠습니다	허름한	지저분했지요	맞히면
천덕꾸러기로	입혀	허름한	지저분했지요	맞히면
내놓아라	꼼짝없이	머슴으로	앓게	골똘히
허름한	지저분했지요	맞히면	얹고	데려가겠습니다
머슴으로	앓게	골똘히	천덕꾸러기로	입혀
얹고	데려가겠습니다	허름한	지저분했지요	맞히면
천덕꾸러기로	입혀	얹고	데려가겠습니다	골똘히
내놓아라	꼼짝없이	머슴으로	앓게	골똘히
허름한	지저분했지요	맞히면	얹고	데려가겠습니다

▶ 이 페이지의 내용은 복사하거나 학지사 홈페이지(http://www.hakjisa.co.kr)에서 내려받아 사용하세요!

2 어휘의 뜻 알아보기

다음 단어를 알아봅시다

예시문을 읽고, 내가 생각하는 단어의 뜻을 써 봅시다.

올바른 단어의 뜻을 써 봅시다.

정의

비슷한 말

-
-
-

앓다

예시문 집으로 돌아온 아버지가 큰아들 걱정에 시름시름 앓게 되었습니다.

문장 만들기

비슷한 말을 넣어서 문장을 완성해 봅시다.

집으로 돌아온 아버지가 큰아들 걱정에 시름시름 ________ 되었습니다.

새로운 문장을 만들어 써 봅시다.

도전문제

병을 앓아 본 적이 있나요?

예시문을 읽고, 내가 생각하는 단어의 뜻을 써 봅시다.

___

올바른 단어의 뜻을 써 봅시다.

___

정의

비슷한 말

- ___
- ___
- ___

야무지다

예시문 그래서 큰아들은 말도 똑 부러지게 하고 몸가짐도 야무졌답니다.

문장 만들기

비슷한 말을 넣어서 문장을 완성해 봅시다.

그래서 큰아들은 말도 똑 부러지게 하고 몸가짐도 ___.

새로운 문장을 만들어 써 봅시다.

___

도전문제

어떤 친구가 야무진 친구인가요?

___

___

예시문을 읽고, 내가 생각하는 단어의 뜻을 써 봅시다.

올바른 단어의 뜻을 써 봅시다.

정의

어눌하다

예시문 반대로 작은아들은 말도 잘 못하고 몸가짐도 어눌하고 지저분했지요.

문장 만들기

새로운 문장을 만들어 써 봅시다.

도전문제

주로 언제 어눌하게 말을 하게 되나요?

예시문을 읽고, 내가 생각하는 단어의 뜻을 써 봅시다.

올바른 단어의 뜻을 써 봅시다.

정의

골똘히

예시문 정승이 수수께끼를 내자 작은아들이 골똘히 생각하더니 이렇게 대답했습니다.

문장 만들기

새로운 문장을 만들어 써 봅시다.

도전문제

무언가를 골똘히 생각하며 가다가 발을 헛디디거나 누군가와 부딪친 적이 있나요?

예시문을 읽고, 내가 생각하는 단어의 뜻을 써 봅시다.

올바른 단어의 뜻을 써 봅시다.

정의

얹다

예시문 하지만 대감 머리카락은 한평생 머리에 얹고 다니지 않았습니까?

비슷한 말

-
-
-

문장 만들기

비슷한 말을 넣어서 문장을 완성해 봅시다.

하지만 대감 머리카락은 한평생 머리에 ________ 다니지 않았습니까?

새로운 문장을 만들어 써 봅시다.

도전문제

머리 위에 얹은 책이 떨어지지 않게 하려면, 어떻게 걸어야 합니까?

예시문을 읽고, 내가 생각하는 단어의 뜻을 써 봅시다.

올바른 단어의 뜻을 써 봅시다.

정의

허름하다

예시문 하지만 작은아들은 허름한 옷을 입혀 힘든 일만 시켰답니다.

비슷한 말

-
-
-

문장 만들기

비슷한 말을 넣어서 문장을 완성해 봅시다.

하지만 작은아들은 ____________ 옷을 입혀 힘든 일만 시켰답니다.

새로운 문장을 만들어 써 봅시다.

도전문제

허름한 음식점인데, 맛있었던 음식점에 가 본 경험이 있나요?

다음 보기의 단어 중, 문장에 알맞은 단어를 써 봅시다.

보기

허름한, 어눌하게, 야무지게, 골똘히, 앓았다

1 몸살로 며칠간 되게 ______________.

2 산호는 언제나 ______________ 일을 잘한다.

3 그렇게 ______________ 이야기하지 말고, 똑바로 이야기하렴.

4 무엇을 그렇게 ______________ 생각하고 있니?

5 재원이는 창고처럼 ______________ 집에서 살고 있다.

3 어구를 빠르고 정확하게 읽기

다음 어구를 바르게 읽어 봅시다

힘든 일만 시켰답니다	지겨운 글공부 대신
수수께끼 내기를 하러 왔다고 하니	우리 집에 오다가
느티나무를 보았느냐	모두 몇 개나 되겠는지
수수께끼를 풀 거라 생각하고	수수께끼를 풀겠다고 졸랐답니다
그 많은 머리카락이 몇 올인지	한 수 위로구나
수수께끼 내기를 한다는 거였지요	꿀 먹은 벙어리가 되었지요
어쩔 수 없이	천 냥 대신에

▶ 이 페이지의 내용은 복사하거나 학지사 홈페이지(http://www.hakjisa.co.kr)에서 내려받아 사용하세요!

다음 어구/절들을 빠르고 정확하게 읽어 봅시다

힘든 일만 시켰답니다	수수께끼 내기를 한다는 거였지요	지겨운 글공부 대신
수수께끼 내기를 하러 왔다고 하니	우리 집에 오다가	느티나무를 보았느냐
모두 몇 개나 되겠는지	꿀 먹은 벙어리가 되었지요	어쩔 수 없이
수수께끼를 풀 거라 생각하고	수수께끼를 풀겠다고 졸랐답니다	그 많은 머리카락이 몇 올인지
한 수 위로구나	천 냥 대신에	모두 몇 개나 되겠는지
지겨운 글공부 대신	힘든 일만 시켰답니다	수수께끼 내기를 한다는 거였지요
느티나무를 보았느냐	수수께끼 내기를 하러 왔다고 하니	우리 집에 오다가
어쩔 수 없이	모두 몇 개나 되겠는지	꿀 먹은 벙어리가 되었지요
그 많은 머리카락이 몇 올인지	수수께끼를 풀 거라 생각하고	수수께끼를 풀겠다고 졸랐답니다
모두 몇 개나 되겠는지	한 수 위로구나	천 냥 대신에
힘든 일만 시켰답니다	수수께끼 내기를 한다는 거였지요	지겨운 글공부 대신
수수께끼 내기를 하러 왔다고 하니	우리 집에 오다가	느티나무를 보았느냐
모두 몇 개나 되겠는지	꿀 먹은 벙어리가 되었지요	어쩔 수 없이
수수께끼를 풀 거라 생각하고	수수께끼를 풀겠다고 졸랐답니다	그 많은 머리카락이 몇 올인지
한 수 위로구나	천 냥 대신에	모두 몇 개나 되겠는지
지겨운 글공부 대신	힘든 일만 시켰답니다	수수께끼 내기를 한다는 거였지요
느티나무를 보았느냐	수수께끼 내기를 하러 왔다고 하니	우리 집에 오다가
어쩔 수 없이	모두 몇 개나 되겠는지	꿀 먹은 벙어리가 되었지요
그 많은 머리카락이 몇 올인지	수수께끼를 풀 거라 생각하고	수수께끼를 풀겠다고 졸랐답니다

▶ 이 페이지의 내용은 복사하거나 학지사 홈페이지(http://www.hakjisa.co.kr)에서 내려받아 사용하세요!

4 글을 빠르고 정확하게 읽기

다음 글을 / 표시된 곳에서 끊어 읽어 봅시다. 읽을 때 빠르고 정확하게 읽도록 합시다

옛날 / 어느 마을에 / 한 부부가 / 아들 형제를 두었습니다. / 그런데 / 부부는 / 이상하게도 / 큰아들만 귀여워하고 / 작은아들은 천덕꾸러기로 키웠어요. / 큰아들은 / 고운 옷 입혀 / 서당에 보내서 / 글공부를 시켰지요. / 하지만 / 작은아들은 / 허름한 옷을 입혀 / 힘든 일만 시켰답니다. / 그래서 / 큰아들은 / 말도 똑 부러지게 하고 / 몸가짐도 야무졌답니다. / 반대로 작은아들은 / 말도 잘 못하고 / 몸가짐도 어눌하고 지저분했지요. /

그러던 어느 날 / 마을에 / 소문 하나가 / 쫘악 퍼졌습니다. / 옆 마을에 사는 정승이 / 수수께끼 내기를 한다는 거였지요. / 그리고 / 수수께끼에서 답을 맞히면 / 천 냥을 준다고 했답니다. / 만일 못 알아맞히면 / 반대로 / 천 냥을 받는다는 거였지요. / 아버지는 / 소문을 듣고 / 천 냥을 벌고 싶은 욕심이 생겼답니다. /

"큰아들아, / 내일은 / 지겨운 글공부 대신 / 돈 벌러 가자." /

이튿날 / 아버지와 큰아들은 / 옆 마을 정승 댁에 갔답니다. / 수수께끼 내기를 하러 왔다고 하니 / 정승이 / 문제를 내었지요. /

"우리 집에 오다가 / 집 앞에 있는 느티나무를 보았느냐?" /

"예, 보았습니다." /

"그 느티나무의 잎이 / 모두 몇 개나 되겠는지 / 알겠느냐?" /

수수께끼를 들은 큰아들은 / 그만 / 꿀 먹은 벙어리가 되었지요. / 이 수수께끼는 / 누가 들어도 / 풀 수가 없는 문제였답니다. /

"아니, / 똑똑한 자네가 / 왜 답을 말하지 못하는고?" /

"잘 모르겠습니다." /

"그러면 / 어쩔 수 없이 / 돈 천 냥을 내놓아라." /

"수수께끼를 풀 거라 생각하고 / 돈은 / 미처 가져오지 못했습니다." /

"그러면 / 우리 집에서 / 삼 년 머슴살이를 해야만 하느니라." /

아버지는 / 꼼짝없이 / 정승에게 / 아끼는 큰아들을 머슴으로 보내야만 했지요. / 집으로

돌아온 아버지가 / 큰아들 걱정에 / 시름시름 앓게 되었습니다. / 그러자 / 옆에서 지켜보던 작은아들이 / 자기가 수수께끼를 풀겠다고 / 졸랐답니다. / 아버지는 / 작은아들이 부득부득 졸라서 / 다시 정승 댁으로 갔지요. / 수수께끼 내기를 하러 왔다고 하니 / 정승이 / 문제를 내었습니다. /

"집 앞에 있는 느티나무의 잎이 / 몇 개나 되느냐?" /

정승이 / 수수께끼를 내자 / 작은아들이 / 골똘히 생각하더니 / 이렇게 대답했습니다. /

"그렇다면 / 대감 머리카락은 / 모두 몇 올이나 되는지 / 아십니까?" /

"아니, 이놈아! / 내가 / 그 많은 머리카락이 몇 올인지 / 어찌 알겠느냐?" /

"집 앞의 느티나무는 / 제가 오늘 처음 본 것입니다. / 하지만 / 대감 머리카락은 / 한평생 / 머리에 얹고 다니지 않았습니까? / 한평생 / 머리에 얹고 다니는 머리카락 수도 모르는데, / 오늘 본 나뭇잎의 수를 어찌 알겠습니까?" /

"네 놈이 / 나보다 / 한 수 위로구나, / 내가 졌다." /

"저는 / 천 냥 대신에 / 머슴살이하는 형을 집으로 데려가겠습니다." /

이렇게 큰아들을 구한 작은아들은 / 아버지의 사랑을 받게 되었답니다. /

6 이야기 지도 사용하여 글 읽고 이해하기: 인물, 시장, 사건, 끝을 기억하며 글의 내용 파악하기

'이야기 지도(인물, 시장, 사건, 끝)'를 사용하여 글의 내용을 파악해 봅시다

큰아들을 구한 천덕꾸러기 작은아들

옛날 어느 마을에 한 부부가 아들 형제를 두었습니다. 그런데 부부는 이상하게도 큰아들만 귀여워하고 작은아들은 천덕꾸러기로 키웠어요. 큰아들은 고운 옷 입혀 서당에 보내서 글공부를 시켰지요. 하지만 작은아들은 허름한 옷을 입혀 힘든 일만 시켰답니다. 그래서 큰아들은 말도 똑 부러지게 하고 몸가짐도 야무졌답니다. 반대로 작은아들은 말도 잘 못하고 몸가짐도 어눌하고 지저분했지요.

그러던 어느 날 마을에 소문 하나가 쫘악 퍼졌습니다. 옆 마을에 사는 정승이 수수께끼 내기를 한다는 거였지요. 그리고 수수께끼에서 답을 맞히면 천 냥을 준다고 했답니다. 만일 못 알아맞히면 반대로 천 냥을 받는다는 거였지요. 아버지는 소문을 듣고 천 냥을 벌고 싶은 욕심이 생겼답니다.

"큰아들아, 내일은 지겨운 글공부 대신 돈 벌러 가자."

이튿날 아버지와 큰아들은 옆 마을 정승 댁에 갔답니다. 수수께끼 내기를 하러 왔다고 하니 정승이 문제를 내었지요.

"우리 집에 오다가 집 앞에 있는 느티나무를 보았느냐?"

"예, 보았습니다."

"그 느티나무의 잎이 모두 몇 개나 되겠는지 알겠느냐?"

수수께끼를 들은 큰아들은 그만 꿀 먹은 벙어리가 되었지요. 이 수수께끼는 누가 들어도 풀 수가 없는 문제였답니다.

"아니, 똑똑한 자네가 왜 답을 말하지 못하는고?"

"잘 모르겠습니다."

"그러면 어쩔 수 없이 돈 천 냥을 내놓아라."

"수수께끼를 풀 거라 생각하고 돈은 미처 가져오지 못했습니다."

"그러면 우리 집에서 삼 년 머슴살이를 해야만 하느니라."

아버지는 꼼짝없이 정승에게 아끼는 큰아들을 머슴으로 보내야만 했지요. 집으로 돌아온 아버지가 큰아들 걱정에 시름시름 앓게 되었습니다. 그러자 옆에서 지켜보던 작은아들이 자기가 수수께끼를 풀겠다고 졸랐답니다. 아버지는 작은아들이 부득부득 졸라서 다시 정승 댁으로 갔지요. 수수께끼 내기를 하러 왔다고 하니 정승이 문제를 내었습니다.

"집 앞에 있는 느티나무의 잎이 몇 개나 되느냐?"

정승이 수수께끼를 내자 작은아들이 골똘히 생각하더니 이렇게 대답했습니다.

"그렇다면 대감 머리카락은 모두 몇 올이나 되는지 아십니까?"

"아니, 이놈아! 내가 그 많은 머리카락이 몇 올인지 어찌 알겠느냐?"

"집 앞의 느티나무는 제가 오늘 처음 본 것입니다. 하지만 대감 머리카락은 한평생 머리에 얹고 다니지 않았습니까? 한평생 머리에 얹고 다니는 머리카락 수도 모르는데, 오늘 본 나뭇잎의 수를 어찌 알겠습니까?"

"네 놈이 나보다 한 수 위로구나, 내가 졌다."

"저는 천 냥 대신에 머슴살이하는 형을 집으로 데려가겠습니다."

이렇게 큰아들을 구한 작은아들은 아버지의 사랑을 받게 되었답니다.

제목: 큰아들을 구한 천덕꾸러기 작은아들

1 인물 이야기에 등장하는 인물은 누구인가요?

2 시간과 장소 언제, 어디에서 일어난 이야기인가요?

시간:

장소:

3 사건들 인물에게 어떤 일들이 일어났나요? 일이 어떠한 차례로 일어났나요?

4 끝 이야기가 어떻게 끝났나요?

7 글의 주제 알기

글의 주제를 알아봅시다

글의 주제는 글쓴이가 읽는 이에게 말하고자 하는 생각 또는 의견입니다. 글의 주제는 '~하자. 해야 한다' 또는 '~하지 말자. 하지 말아야 한다'로 만들 수 있습니다.

'큰아들을 구한 천덕꾸러기 작은아들'을 읽고, 글의 주제를 써 봅시다.

읽기유창성

지시문

앞에 있는 종이에 글이 있어요. 이제 선생님이 "시작"이라고 하면(학생용 평가지의 첫 어절을 손가락으로 가리킨 후, 계속 훑으면서) 처음부터 읽기 시작해서 "그만"이라고 할 때까지 최대한 정확하게, 그리고 최대한 빨리 읽으세요. 글을 읽다가 모르는 글자가 나오면 선생님이 어떻게 해야 할지 알려 줄게요. 최선을 다하세요. 질문 있어요? (질문이 있으면 질문에 대답한다.) 준비, 시작. (학생이 첫 어절을 말함과 동시에 타이머를 누르고 1분간 학생의 반응을 기록한 뒤 1분이 지나면 "그만"이라고 말한다.)

옛날 어느 마을에 한 부부가 아들 형제를 두었습니다. 그런데 부부는 이상하게도 큰아들만 귀여워하고 작은아들은 천덕꾸러기로 키웠어요. 큰아들은 고운 옷 입혀 서당에 보내서 글공부를 시켰지요. 하지만 작은아들은 허름한 옷을 입혀 힘든 일만 시켰답니다. 그래서 큰아들은 말도 똑 부러지게 하고 몸가짐도 야무졌답니다. 반대로 작은아들은 말도 잘 못하고 몸가짐도 어눌하고 지저분했지요.

그러던 어느 날 마을에 소문 하나가 쫙 퍼졌습니다. 옆 마을에 사는 정승이 수수께끼 내기를 한다는 거였지요. 그리고 수수께끼에서 답을 맞히면 천 냥을 준다고 했답니다. 만일 못 알아맞히면 반대로 천 냥을 받는다는 거였지요. 아버지는 소문을 듣고 천 냥을 벌고 싶은 욕심이 생겼답니다.

"큰아들아, 내일은 지겨운 글공부 대신 돈 벌러 가자."

이튿날 아버지와 큰아들은 옆 마을 정승 댁에 갔답니다. 수수께끼 내기를 하러 왔다고 하니 정승이 문제를 내었지요.

"우리 집에 오다가 집 앞에 있는 느티나무를 보았느냐?"

"예, 보았습니다."

"그 느티나무의 잎이 모두 몇 개나 되겠는지 알겠느냐?"

수수께끼를 들은 큰아들은 그만 꿀 먹은 벙어리가 되었지요. 이 수수께끼는 누가 들어도 풀 수가 없는 문제였답니다.

"아니, 똑똑한 자네가 왜 답을 말하지 못하는고?"

"잘 모르겠습니다."

"그러면 어쩔 수 없이 돈 천 냥을 내놓아라."

"수수께끼를 풀 거라 생각하고 돈은 미처 가져오지 못했습니다."

"그러면 우리 집에서 삼 년 머슴살이를 해야만 하느니라."

아버지는 꼼짝없이 정승에게 아끼는 큰아들을 머슴으로 보내야만 했지요. 집으로 돌아온 아버지가 큰아들 걱정에 시름시름 앓게 되었습니다. 그러자 옆에서 지켜보던 작은아들이 자기가 수수께끼를 풀겠다고 졸랐답니다. 아버지는 작은아들이 부득부득 졸라서 다시 정승 댁으로 갔지요. 수수께끼 내기를 하러 왔다고 하니 정승이 문제를 내었습니다.

"집 앞에 있는 느티나무의 잎이 몇 개나 되느냐?"

정승이 수수께끼를 내자 작은아들이 골똘히 생각하더니 이렇게 대답했습니다.

"그렇다면 대감 머리카락은 모두 몇 올이나 되는지 아십니까?"

"아니, 이놈아! 내가 그 많은 머리카락이 몇 올인지 어찌 알겠느냐?"

"집 앞의 느티나무는 제가 오늘 처음 본 것입니다. 하지만 대감 머리카락은 한평생 머리에 얹고 다니지 않았습니까? 한평생 머리에 얹고 다니는 머리카락 수도 모르는데, 오늘 본 나뭇잎의 수를 어찌 알겠습니까?"

"네 놈이 나보다 한 수 위로구나, 내가 졌다."

"저는 천 냥 대신에 머슴살이하는 형을 집으로 데려가겠습니다."

이렇게 큰아들을 구한 작은아들은 아버지의 사랑을 받게 되었답니다.

읽기유창성 점수: ____________

▶ 사전평가와 사후평가의 지문은 학지사 홈페이지(http://www.hakjisa.co.kr)에서 내려받을 수 있습니다.

사 ◇ 후 ◇ 평 ◇ 가

읽기이해

다음 질문에 최대한 자세히 답을 써 주세요.

(※ 쓰는 것이 어려운 학생의 경우, 구두로 답하도록 하세요.)

1 이야기에 등장하는 인물은 누구인가요? 네 사람을 써 보세요.

2 언제, 어디에서 있었던 일인가요?

1) 언제:

2) 어디서:

3 형이 머슴살이를 하게 된 까닭은 무엇일까요?

4 아버지는 왜 시름시름 앓게 되었나요?

5 동생이 수수께끼를 풀겠다고 조른 까닭은 무엇일까요?

6 동생은 형을 어떻게 구하였나요?

7 이야기에 나오는 동생은 어떤 마음씨를 가진 사람일까요? 그것을 어떻게 알 수 있는지 글에서 찾아 써 보세요.

1) 동생은 어떤 마음씨를 가진 사람일까요?

2) 그것을 어떻게 알 수 있나요?

6. 호랑이 인간

학 ◇ 습 ◇ 목 ◇ 표

- 글을 읽을 때, 적당한 부분에서 글을 빠르고 정확하게 끊어 읽을 수 있다.
- 글을 읽고, 글의 중심내용과 글의 주제를 파악할 수 있다.

사 ◇ 전 ◇ 평 ◇ 가

지시문

앞에 있는 종이에 글이 있어요. 이제 선생님이 "시작"이라고 하면(학생용 평가지의 첫 어절을 손가락으로 가리킨 후, 계속 훑으면서) 처음부터 읽기 시작해서 "그만"이라고 할 때까지 최대한 정확하게, 그리고 최대한 빨리 읽으세요. 글을 읽다가 모르는 글자가 나오면 선생님이 어떻게 해야 할지 알려 줄게요. 최선을 다하세요. 질문 있어요? (질문이 있으면 질문에 대답한다.) 준비, 시작. (학생이 첫 어절을 말함과 동시에 타이머를 누르고 1분간 학생의 반응을 기록한 뒤 1분이 지나면 "그만"이라고 말한다.)

옛날 어느 마을에 젊은 부부가 어머니를 모시고 살았습니다. 그런데 갑자기 어머니가 병이 들어 시름시름 앓기 시작했습니다. 좋다는 약도 쓰고 용하다는 의원도 불렀지만 소용이 없었지요. 약을 쓰면 쓸수록 좋아지기는커녕 점점 병이 깊어져만 갔답니다.

하루는 한 스님이 이 집에 동냥을 하러 들렀습니다. 그래서 젊은 부부는 쌀을 정성껏 씻어 스님에게 주었지요. 스님이 쌀을 받아들고는 집 안을 살펴보고 나서 말했습니다.

"산짐승 백 마리를 고아 먹어야만 어머니 병을 고칠……."

스님은 말끝을 흐리면서 뒤도 돌아보지 않고 바람같이 사라졌습니다. 부부는 스님을 쫓아갔지만 도저히 따라잡을 수 없었답니다.

"여보, 스님께서 말씀하신 게 어머니 병을 고치는 방법일까요?"

"글쎄요 우리가 할 수 있는 일이라면 무엇이든지 해 봐야지요."

그날부터 부부는 산에 가서 산짐승을 열심히 잡기 시작했습니다. 어머니 병을 고치려고 애썼지만, 산짐승 잡기가 쉽지 않았지요.

산돼지를 잡으려고 하면 산돼지가 너무 사나워서 잡기가 어려웠지요. 노루를 잡으려고 하면 노루가 너무 재빨라서 잡기가 어려웠지요. 산토끼를 잡으려고 하면 산토끼가 꾀가 많아 잡기가 어려웠답니다. 그러니 제대로 잡는 날보다는 허탕치는 날이 더 많았습니다.

하루는 산짐승을 잡다 지친 남편이 꿈속에서 산신령을 만났습니다.

"네 정성이 지극하여 하늘을 감동시켰으니 방법을 하나 가르쳐 주겠다. 꿈에서 깨거든 뒷산 커다란 바위 밑을 파도록 하여라."

잠에서 깨자마자 남편은 뒷산으로 달려가 바위 밑을 팠습니다. 그랬더니 아주 아주 오래된 책 한 권이 나왔지요. 남편은 책을 요리조리 돌려 보고 책장을 넘겨보다 앞쪽을 읽었습니다. 갑자기 남편 몸이 스르르 커지더니 호랑이로 변하는 거였어요. 이번에는 책 뒤쪽을 읽었더니 몸이 다시 사람으로 되돌아왔답니다.

이렇게 호랑이로 변할 수 있으니 산짐승 잡기가 쉬워졌지요. 남편은 날마다 산짐승을 많이 잡아서 어머니께 고아 드렸습니다. 스님의 말씀대로 정말 어머니의 병이 점점 나아지기 시작했답니다.

부지런히 산짐승을 잡아 곧 백 마리를 채울 판이었지요. 그런데 아내는 새벽마다 일찍 일어나는 남편을 이상하게 생각했습니다. 그래서 하루는 아내가 일찍 일어나 남편을 뒤따라 가 보았답니다. 그랬더니 남편이 낡은 책을 읽고는 호랑이가 되는 게 아니겠어요? 아내는 사랑하는 남편이 무서운 호랑이로 변한다는 게 두려워졌습니다. 그래서 남편이 호랑이로 변해 나간 사이에 책을 태워 버렸지요. 남편은 열심히 산짐승을 잡아 드디어 백 마리를 채우고 돌아왔습니다. 남편이 사람으로 변하려고 책을 찾았지만, 책은 이미 타 버렸지요.

남편은 "어흥 어흥" 슬피 울면서 평생 호랑이로 살아야 했답니다.

읽기유창성 점수: ______

▶ 사전평가와 사후평가의 지문은 학지사 홈페이지(http://www.hakjisa.co.kr)에서 내려받을 수 있습니다.

1 단어를 빠르고 정확하게 읽기

다음 단어를 바르게 읽어 봅시다

앓기	좋아지기는커녕
깊어져만	동냥을
쫓아갔지만	허탕치는
산신령을	지극하여
감동시켰으니	낡은
타 버렸지요	

▶ 이 페이지의 내용은 복사하거나 학지사 홈페이지(http://www.hakjisa.co.kr)에서 내려받아 사용하세요!

다음 단어들을 빠르고 정확하게 읽어 봅시다

앓기	좋아지기는커녕	깊어져만	동냥을	쫓아갔지만
허탕치는	산신령을	지극하여	감동시켰으니	낡은
타 버렸지요	앓기	좋아지기는커녕	깊어져만	동냥을
쫓아갔지만	허탕치는	산신령을	지극하여	감동시켰으니
낡은	타 버렸지요	앓기	좋아지기는커녕	깊어져만
동냥을	쫓아갔지만	허탕치는	산신령을	지극하여
감동시켰으니	낡은	타 버렸지요	앓기	좋아지기는커녕
깊어져만	동냥을	쫓아갔지만	허탕치는	산신령을
지극하여	감동시켰으니	낡은	타 버렸지요	앓기
좋아지기는커녕	깊어져만	동냥을	쫓아갔지만	허탕치는
산신령을	지극하여	감동시켰으니	낡은	타 버렸지요

▶ 이 페이지의 내용은 복사하거나 학지사 홈페이지(http://www.hakjisa.co.kr)에서 내려받아 사용하세요!

2 어휘의 뜻 알아보기

다음 단어를 알아봅시다

예시문을 읽고, 내가 생각하는 단어의 뜻을 써 봅시다.

올바른 단어의 뜻을 써 봅시다.

정의

앓다

비슷한 말

-
-
-

예시문 그런데 갑자기 어머니가 병이 들어 시름시름 앓기 시작했습니다.

문장 만들기

비슷한 말을 넣어서 문장을 완성해 봅시다.

그런데 갑자기 어머니가 병이 들어 시름시름 ______ 시작했습니다.

새로운 문장을 만들어 써 봅시다.

도전문제

앓는 사람을 보면 어떻게 해야 하나요?

예시문을 읽고, 내가 생각하는 단어의 뜻을 써 봅시다.

올바른 단어의 뜻을 써 봅시다.

정의

비슷한 말

-
-
-

소용

예시문 좋다는 약도 쓰고 용하다는 의원도 불렀지만 소용이 없었지요.

문장 만들기

비슷한 말을 넣어서 문장을 완성해 봅시다.

좋다는 약도 쓰고 용하다는 의원도 불렀지만 ________ 이 없었지요.

새로운 문장을 만들어 써 봅시다.

도전문제

'아무리 울어도 소용없어!'라는 말을 들어 본 적이 있나요? 언제 이 말을 들어 보았나요?

예시문을 읽고, 내가 생각하는 단어의 뜻을 써 봅시다.

___

올바른 단어의 뜻을 써 봅시다.

___

정의

동냥

예시문 하루는 한 스님이 이 집에 동냥을 하러 들렀습니다.

비슷한 말

- ___
- ___
- ___

문장 만들기

비슷한 말을 넣어서 문장을 완성해 봅시다.

하루는 한 스님이 이 집에 ______ 을 하러 들렀습니다.

새로운 문장을 만들어 써 봅시다.

___

도전문제

문장에 맞게 단어가 사용되었는지 생각해 봅시다.

◆ 진석이는 길을 가다가 동냥을 하는 거지를 보고 불쌍한 마음이 들었다.

예( ) 아니요 ( ) 왜 그렇다고 생각하나요? ______

◆ 사랑은 동냥해서 얻을 수 있는 것이 아니다.

예( ) 아니요 ( ) 왜 그렇다고 생각하나요? ______

예시문을 읽고, 내가 생각하는 단어의 뜻을 써 봅시다.

______

올바른 단어의 뜻을 써 봅시다.

______

정의

비슷한 말

- ______
- ______
- ______

지극하다

예시문 네 정성이 지극하여 하늘을 감동시켰으니 방법을 하나 가르쳐 주겠다.

문장 만들기

비슷한 말을 넣어서 문장을 완성해 봅시다.

네 정성이 ______ 하늘을 감동시켰으니 방법을 하나 가르쳐 주겠다.

새로운 문장을 만들어 써 봅시다.

______

도전문제

부모님을 지극히 모시려면 어떻게 해야 하는지요?

______

______

예시문을 읽고, 내가 생각하는 단어의 뜻을 써 봅시다.

올바른 단어의 뜻을 써 봅시다.

정의

감동시키다

비슷한 말

•

•

•

예시문 네 정성이 지극하여 하늘을 감동시켰으니 방법을 하나 가르쳐 주겠다.

문장 만들기

비슷한 말을 넣어서 문장을 완성해 봅시다.

네 정성이 지극하여 하늘을 ________ 방법을 하나 가르쳐 주겠다.

새로운 문장을 만들어 써 봅시다.

도전문제

누군가를 감동시킨 적이 있나요?

예시문을 읽고, 내가 생각하는 단어의 뜻을 써 봅시다.

올바른 단어의 뜻을 써 봅시다.

정의

채우다

예시문 남편은 열심히 산짐승을 잡아 드디어 백 마리를 채우고 돌아왔습니다.

반대말

•

•

•

문장 만들기

새로운 문장을 만들어 써 봅시다.

도전문제

다음 중 보기와 같은 뜻으로 쓰인 단어를 고르세요.

보기

남편은 열심히 산짐승을 잡아 드디어 백 마리를 채우고 돌아왔습니다.

1) 단추를 단단히 채우다.

2) 문을 자물쇠로 채우다.

3) 지퍼를 채우다.

4) 선발 인원을 다 채우다.

예시문을 읽고, 내가 생각하는 단어의 뜻을 써 봅시다.

올바른 단어의 뜻을 써 봅시다.

정의

•
•
•

비슷한 말

낡다

예시문 그랬더니 남편이 낡은 책을 읽고는 호랑이가 되는 게 아니겠어요?

문장 만들기

비슷한 말을 넣어서 문장을 완성해 봅시다.

그랬더니 남편이 ________ 책을 읽고는 호랑이가 되는 게 아니겠어요?

새로운 문장을 만들어 써 봅시다.

도전문제

내가 갖고 있는 물건 중에 낡기는 했지만 소중한 물건이 있나요?
왜 낡았지만 소중한가요?

다음 밑줄 친 낱말 중, 문장의 의미에 맞게 쓰인 것을 고르세요.

1 1) 그 사람은 공부만 앓지 세상 물정을 통 모른다.

2) 그는 이틀 동안 집에서 혼자 앓고 있었다.

2 1) 범인을 잡으려고 열흘 동안 집에도 안 갔으나 허탕이었다.

2) 나는 맡은 일을 문제없이 모두 허탕을 쳤다.

3 1) 그녀는 아이들에 대한 사랑이 지극하였다.

2) 김 첨지는 머슴들을 지극하게 부렸다.

4 1) 그가 거짓말을 했다는 사실이 선생님을 너무 감동시켰다.

2) 너의 진심을 담은 편지가 나를 감동시켰다.

5 1) 동냥은 못 줘도 쪽박은 깨지 마라.

2) 그는 재산 일체를 학교에 동냥하였다.

3 어구를 빠르고 정확하게 읽기

다음 어구를 바르게 읽어 봅시다

약을 쓰면 쓸수록	말끝을 흐리면서	스님께서 말씀하신 게	산돼지를 잡으려고 하면	꿈에서 깨거든	곧 백 마리를 채울 판이었지요	호랑이로 변해 나간 사이에
시름시름 앓기 시작했습니다	집 안을 살펴보고 나서	도저히 따라잡을 수 없었답니다	어머니 병을 고치려고 애썼지만	산짐승을 잡다 지친 남편이	호랑이로 변할 수 있으니	사랑하는 남편이 무서운 호랑이로 변한다는 게

▶ 이 페이지의 내용은 복사하거나 학지사 홈페이지(http://www.hakjisa.co.kr)에서 내려받아 사용하세요!

다음 어구/절들을 빠르고 정확하게 읽어 봅시다

시름시름 앓기 시작했습니다	약을 쓰면 쓸수록	집 안을 살펴보고 나서
말끝을 흐리면서	도저히 따라잡을 수 없었답니다	스님께서 말씀하신 게
어머니 병을 고치려고 애썼지만	산돼지를 잡으려고 하면	산짐승을 잡다 지친 남편이
꿈에서 깨거든	호랑이로 변할 수 있으니	곧 백 마리를 채울 판이었지요
사랑하는 남편이 무서운 호랑이로 변한다는 게	호랑이로 변해 나간 사이에	시름시름 앓기 시작했습니다
약을 쓰면 쓸수록	집 안을 살펴보고 나서	말끝을 흐리면서
도저히 따라잡을 수 없었답니다	스님께서 말씀하신 게	어머니 병을 고치려고 애썼지만
산돼지를 잡으려고 하면	산짐승을 잡다 지친 남편이	꿈에서 깨거든
호랑이로 변할 수 있으니	곧 백 마리를 채울 판이었지요	사랑하는 남편이 무서운 호랑이로 변한다는 게
호랑이로 변해 나간 사이에	시름시름 앓기 시작했습니다	약을 쓰면 쓸수록
집 안을 살펴보고 나서	말끝을 흐리면서	도저히 따라잡을 수 없었답니다
스님께서 말씀하신 게	어머니 병을 고치려고 애썼지만	산돼지를 잡으려고 하면
산짐승을 잡다 지친 남편이	꿈에서 깨거든	호랑이로 변할 수 있으니
곧 백 마리를 채울 판이었지요	사랑하는 남편이 무서운 호랑이로 변한다는 게	호랑이로 변해 나간 사이에
시름시름 앓기 시작했습니다	약을 쓰면 쓸수록	집 안을 살펴보고 나서
말끝을 흐리면서	도저히 따라잡을 수 없었답니다	스님께서 말씀하신 게
어머니 병을 고치려고 애썼지만	산돼지를 잡으려고 하면	산짐승을 잡다 지친 남편이
꿈에서 깨거든	호랑이로 변할 수 있으니	곧 백 마리를 채울 판이었지요
사랑하는 남편이 무서운 호랑이로 변한다는 게	호랑이로 변해 나간 사이에	시름시름 앓기 시작했습니다

▶ 이 페이지의 내용은 복사하거나 학지사 홈페이지(http://www.hakjisa.co.kr)에서 내려받아 사용하세요!

4 글을 빠르고 정확하게 읽기

다음 글을 / 표시된 곳에서 끊어 읽어 봅시다. 읽을 때 빠르고 정확하게 읽도록 합시다

옛날 / 어느 마을에 / 젊은 부부가 / 어머니를 모시고 살았습니다. / 그런데 / 갑자기 / 어머니가 / 병이 들어 / 시름시름 앓기 시작했습니다. / 좋다는 약도 쓰고 / 용하다는 의원도 불렀지만 / 소용이 없었지요. / 약을 쓰면 쓸수록 / 좋아지기는커녕 / 점점 / 병이 / 깊어져만 갔답니다. /

하루는 / 한 스님이 / 이 집에 / 동냥을 하러 들렀습니다. / 그래서 / 젊은 부부는 / 쌀을 정성껏 씻어 / 스님에게 주었지요. / 스님이 / 쌀을 받아들고는 / 집 안을 살펴보고 나서 / 말했습니다. /

"산짐승 백 마리를 고아 먹어야만 / 어머니 병을 고칠……." /

스님은 / 말끝을 흐리면서 / 뒤도 돌아보지 않고 / 바람같이 사라졌습니다. / 부부는 / 스님을 쫓아갔지만 / 도저히 따라잡을 수 없었답니다. /

"여보, / 스님께서 말씀하신 게 / 어머니 병을 고치는 방법일까요?" /

"글쎄요 / 우리가 / 할 수 있는 일이라면 / 무엇이든지 해 봐야지요." /

그날부터 / 부부는 / 산에 가서 / 산짐승을 열심히 잡기 시작했습니다. / 어머니 병을 고치려고 애썼지만, / 산짐승 잡기가/ 쉽지 않았지요. /

산돼지를 잡으려고 하면 / 산돼지가 너무 사나워서 / 잡기가 어려웠지요. / 노루를 잡으려고 하면 / 노루가 너무 재빨라서 / 잡기가 어려웠지요. / 산토끼를 잡으려고 하면 / 산토끼가 꾀가 많아 / 잡기가 어려웠답니다. / 그러니 / 제대로 잡는 날보다는 / 허탕치는 날이 / 더 많았습니다. /

하루는 / 산짐승을 잡다 지친 남편이 / 꿈속에서 산신령을 만났습니다. /

"네 정성이 지극하여 / 하늘을 감동시켰으니 / 방법을 하나 가르쳐 주겠다. / 꿈에서 깨거든 / 뒷산 커다란 바위 밑을 파도록 하여라." /

잠에서 깨자마자 / 남편은 / 뒷산으로 달려가 / 바위 밑을 팠습니다. / 그랬더니 / 아주 아주 오래된 책 한 권이 / 나왔지요. / 남편은 / 책을 요리조리 돌려 보고 / 책장을 넘겨보

다 / 앞쪽을 읽었습니다. / 갑자기 / 남편 몸이 / 스르르 커지더니 / 호랑이로 변하는 거였어요. / 이번에는 / 책 뒤쪽을 읽었더니 / 몸이 / 다시 사람으로 되돌아왔답니다. /

이렇게 호랑이로 변할 수 있으니 / 산짐승 잡기가 / 쉬워졌지요. / 남편은 / 날마다 / 산짐승을 많이 잡아서 / 어머니께 고아 드렸습니다. / 스님의 말씀대로 / 정말 어머니의 병이 / 점점 나아지기 시작했답니다. /

부지런히 산짐승을 잡아 / 곧 백 마리를 채울 판이었지요. / 그런데 / 아내는 / 새벽마다 일찍 일어나는 남편을 / 이상하게 생각했습니다. / 그래서 / 하루는 / 아내가 / 일찍 일어나 / 남편을 뒤따라 가 보았답니다. / 그랬더니 / 남편이 / 낡은 책을 읽고는 / 호랑이가 되는 게 아니겠어요? / 아내는 / 사랑하는 남편이 무서운 호랑이로 변한다는 게 / 두려워졌습니다. / 그래서 / 남편이 / 호랑이로 변해 나간 사이에 / 책을 태워 버렸지요. / 남편은 / 열심히 산짐승을 잡아 / 드디어 백 마리를 채우고 / 돌아왔습니다. / 남편이 / 사람으로 변하려고 / 책을 찾았지만, / 책은 / 이미 타 버렸지요. /

남편은 / "어흥 어흥" 슬피 울면서 / 평생 호랑이로 살아야 했답니다. /

6 이야기 지도 사용하여 글 읽고 이해하기: 인물, 시장, 사건, 끝을 기억하며 글의 내용 파악하기

'이야기 지도(인물, 시장, 사건, 끝)'를 사용하여 글의 내용을 파악해 봅시다

호랑이 인간

옛날 어느 마을에 젊은 부부가 어머니를 모시고 살았습니다. 그런데 갑자기 어머니가 병이 들어 시름시름 앓기 시작했습니다. 좋다는 약도 쓰고 용하다는 의원도 불렀지만 소용이 없었지요. 약을 쓰면 쓸수록 좋아지기는커녕 점점 병이 깊어져만 갔답니다.

하루는 한 스님이 이 집에 동냥을 하러 들렀습니다. 그래서 젊은 부부는 쌀을 정성껏 씻어 스님에게 주었지요. 스님이 쌀을 받아들고는 집 안을 살펴보고 나서 말했습니다.

"산짐승 백 마리를 고아 먹어야만 어머니 병을 고칠……."

스님은 말끝을 흐리면서 뒤도 돌아보지 않고 바람같이 사라졌습니다. 부부는 스님을 좇아갔지만 도저히 따라잡을 수 없었답니다.

"여보, 스님께서 말씀하신 게 어머니 병을 고치는 방법일까요?"

"글쎄요 우리가 할 수 있는 일이라면 무엇이든지 해 봐야지요."

그날부터 부부는 산에 가서 산짐승을 열심히 잡기 시작했습니다. 어머니 병을 고치려고 애썼지만, 산짐승 잡기가 쉽지 않았지요.

산돼지를 잡으려고 하면 산돼지가 너무 사나워서 잡기가 어려웠지요. 노루를 잡으려고 하면 노루가 너무 재빨라서 잡기가 어려웠지요. 산토끼를 잡으려고 하면 산토끼가 꾀가 많아 잡기가 어려웠답니다. 그러니 제대로 잡는 날보다는 허탕치는 날이 더 많았습니다.

하루는 산짐승을 잡다 지친 남편이 꿈속에서 산신령을 만났습니다.

"네 정성이 지극하여 하늘을 감동시켰으니 방법을 하나 가르쳐 주겠다. 꿈에서 깨거든 뒷산 커다란 바위 밑을 파도록 하여라."

잠에서 깨자마자 남편은 뒷산으로 달려가 바위 밑을 팠습니다. 그랬더니 아주 아주 오래된 책 한 권이 나왔지요. 남편은 책을 요리조리 돌려 보고 책장을 넘겨보다 앞쪽을 읽었습니다. 갑자기 남편 몸이 스르르 커지더니 호랑이로 변하는 거였어요. 이번에는 책 뒤쪽을 읽었더니 몸이 다시 사람으로 되돌아왔답니다.

이렇게 호랑이로 변할 수 있으니 산짐승 잡기가 쉬워졌지요. 남편은 날마다 산짐승을 많이 잡아서 어머니께 고아 드렸습니다. 스님의 말씀대로 정말 어머니의 병이 점점 나아지기 시작했답니다.

부지런히 산짐승을 잡아 곧 백 마리를 채울 판이었지요. 그런데 아내는 새벽마다 일찍 일어나는 남편을 이상하게 생각했습니다. 그래서 하루는 아내가 일찍 일어나 남편을 뒤따라 가 보았답니다. 그랬더니 남편이 낡은 책을 읽고는 호랑이가 되는 게 아니겠어요?. 아내는 사랑하는 남편이 무서운 호랑이로 변한다는 게 두려워졌습니다. 그래서 남편이 호랑이로 변해 나간 사이에 책을 태워 버렸지요. 남편은 열심히 산짐승을 잡아 드디어 백 마리를 채우고 돌아왔습니다. 남편이 사람으로 변하려고 책을 찾았지만, 책은 이미 타 버렸지요.

남편은 "어흥 어흥" 슬피 울면서 평생 호랑이로 살아야 했답니다.

제목: 호랑이 인간

1 인물 이야기에 등장하는 인물은 누구인가요?

2 시간과 장소 언제, 어디에서 일어난 이야기인가요?

시간:

장소:

3 사건들 인물에게 어떤 일들이 일어났나요? 일이 어떠한 차례로 일어났나요?

4 끝 이야기가 어떻게 끝났나요?

7 글의 주제 알기

글의 주제를 알아봅시다

글의 주제는 글쓴이가 읽는 이에게 말하고자 하는 생각 또는 의견입니다. 글의 주제는 '~하자. 해야 한다' 또는 '~하지 말자. 하지 말아야 한다'로 만들 수 있습니다.

'호랑이 인간'을 읽고, 글의 주제를 써 봅시다.

읽기유창성

지시문

앞에 있는 종이에 글이 있어요. 이제 선생님이 "시작"이라고 하면(학생용 평가지의 첫 어절을 손가락으로 가리킨 후, 계속 훑으면서) 처음부터 읽기 시작해서 "그만"이라고 할 때까지 최대한 정확하게, 그리고 최대한 빨리 읽으세요. 글을 읽다가 모르는 글자가 나오면 선생님이 어떻게 해야 할지 알려 줄게요. 최선을 다하세요. 질문 있어요? (질문이 있으면 질문에 대답한다.) 준비, 시작. (학생이 첫 어절을 말함과 동시에 타이머를 누르고 1분간 학생의 반응을 기록한 뒤 1분이 지나면 "그만"이라고 말한다.)

옛날 어느 마을에 젊은 부부가 어머니를 모시고 살았습니다. 그런데 갑자기 어머니가 병이 들어 시름시름 앓기 시작했습니다. 좋다는 약도 쓰고 용하다는 의원도 불렀지만 소용이 없었지요. 약을 쓰면 쓸수록 좋아지기는커녕 점점 병이 깊어져만 갔답니다.

하루는 한 스님이 이 집에 동냥을 하러 들렀습니다. 그래서 젊은 부부는 쌀을 정성껏 씻어 스님에게 주었지요. 스님이 쌀을 받아들고는 집 안을 살펴보고 나서 말했습니다.

"산짐승 백 마리를 고아 먹어야만 어머니 병을 고칠……."

스님은 말끝을 흐리면서 뒤도 돌아보지 않고 바람같이 사라졌습니다. 부부는 스님을 쫓아갔지만 도저히 따라잡을 수 없었답니다.

"여보, 스님께서 말씀하신 게 어머니 병을 고치는 방법일까요?"

"글쎄요 우리가 할 수 있는 일이라면 무엇이든지 해 봐야지요."

그날부터 부부는 산에 가서 산짐승을 열심히 잡기 시작했습니다. 어머니 병을 고치려고 애썼지만, 산짐승 잡기가 쉽지 않았지요.

산돼지를 잡으려고 하면 산돼지가 너무 사나워서 잡기가 어려웠지요. 노루를 잡으려고 하면 노루가 너무 재빨라서 잡기가 어려웠지요. 산토끼를 잡으려고 하면 산토끼가 꾀가 많아 잡기가 어려웠답니다. 그러니 제대로 잡는 날보다는 허탕치는 날이 더 많았습니다.

하루는 산짐승을 잡다 지친 남편이 꿈속에서 산신령을 만났습니다.

"네 정성이 지극하여 하늘을 감동시켰으니 방법을 하나 가르쳐 주겠다. 꿈에서 깨거든 뒷산 커다란 바위 밑을 파도록 하여라."

잠에서 깨자마자 남편은 뒷산으로 달려가 바위 밑을 팠습니다. 그랬더니 아주 아주 오래된 책 한 권이 나왔지요. 남편은 책을 요리조리 돌려 보고 책장을 넘겨보다 앞쪽을 읽었습니다. 갑자기 남편 몸이 스르르 커지더니 호랑이로 변하는 거였어요. 이번에는 책 뒤쪽을 읽었더니 몸이 다시 사람으로 되돌아왔답니다.

이렇게 호랑이로 변할 수 있으니 산짐승 잡기가 쉬워졌지요. 남편은 날마다 산짐승을 많이 잡아서 어머니께 고아 드렸습니다. 스님의 말씀대로 정말 어머니의 병이 점점 나아지기 시작했답니다.

부지런히 산짐승을 잡아 곧 백 마리를 채울 판이었지요. 그런데 아내는 새벽마다 일찍 일어나는 남편을 이상하게 생각했습니다. 그래서 하루는 아내가 일찍 일어나 남편을 뒤따라 가 보았답니다. 그랬더니 남편이 낡은 책을 읽고는 호랑이가 되는 게 아니겠어요? 아내는 사랑하는 남편이 무서운 호랑이로 변한다는 게 두려워졌습니다. 그래서 남편이 호랑이로 변해 나간 사이에 책을 태워 버렸지요. 남편은 열심히 산짐승을 잡아 드디어 백 마리를 채우고 돌아왔습니다. 남편이 사람으로 변하려고 책을 찾았지만, 책은 이미 타 버렸지요.

남편은 "어흥 어흥" 슬피 울면서 평생 호랑이로 살아야 했답니다.

읽기유창성 점수: ____________

▶ 사전평가와 사후평가의 지문은 학지사 홈페이지(http://www.hakjisa.co.kr)에서 내려받을 수 있습니다.

사 ◇ 후 ◇ 평 ◇ 가

읽기이해

다음 질문에 최대한 자세히 답을 써 주세요.

(※ 쓰는 것이 어려운 학생의 경우, 구두로 답하도록 하세요.)

1 이야기에 나오는 중심인물은 누구인가요? 모두 써 보세요.

2 언제, 어디에서 있었던 일인가요?

1) 언제:

2) 어디서:

3 어머니에게 어떤 일이 일어났나요?

4 남편이 어떻게 짐승을 쉽게 잡을 수 있었나요?

5 아내가 책을 태운 까닭은 무엇일까요?

6 남편이 왜 평생 호랑이로 살아야 했나요?

7 내가 만약 남편이었다면 마음이 어땠을까요? 그것을 어떻게 알 수 있는지 글에서 찾아 써 보세요.

1) 어떤 마음일까요?

2) 그것을 어떻게 알 수 있나요?

저자 소개

김애화(Kim, Aehwa)
aehwa@dankook.ac.kr
현재 단국대학교 특수교육과 교수로 재직 중이다. 단국대학교 특수교육과를 졸업하고, 미국 텍사스 주립대학교(University of Texas at Austin)에서 학습장애 전공으로 석사 및 박사 학위를 받았다. 텍사스 읽기 및 쓰기 연구소(Texas Center for Reading and Language Arts Center)에서 전임연구원(Research Associate)으로 일하였으며, SSCI 저널인 *Journal of Learning Disabilities*의 assistant editor를 역임하였고, 현재 *Journal of Learning Disabilities*의 consulting editor로 활동 중이다.

김의정(Kim, Uijung)
uijungkim@kornu.ac.kr
현재 나사렛대학교 특수교육과 교수로 재직 중이다. 부산대학교 중어중문과를 졸업하고, 미국 텍사스 주립대학교(University of Texas at Austin)에서 특수 일반 및 자폐성 장애 전공으로 석사 및 박사 학위를 받았다. 텍사스 읽기 및 쓰기 연구소(Texas Center for Reading and Language Arts Center)에서 전임연구원(Research Associate)으로 일하였으며, 캘리포니아 주립대학교(California State University, Los Angeles) 특수교육과 조교수로 재직하였다.

학령기 아동을 위한
읽기유창성 및 읽기이해 프로그램
학생용 (IV 수준)

Reading Fluency and Reading Comprehension Program
for School-Age Children

2021년 3월 30일 1판 1쇄 발행
2025년 1월 20일 1판 3쇄 발행

지은이 • 김애화 · 김의정
펴낸이 • 김진환
펴낸곳 • (주) 학지사
04031 서울특별시 마포구 양화로 15길 20 마인드월드빌딩
대표전화 • 02)330-5114 팩스 • 02)324-2345
등록번호 • 제313-2006-000265호

홈페이지 • http://www.hakjisa.co.kr
페이스북 • https://www.facebook.com/hakjisabook

ISBN 978-89-997-2381-0 94370
978-89-997-2376-6 (set)

정가 12,000원